LINDEN-LIMMER

aus der Reihe

Der kleine Stadtteilführer

1. Auflage

Mit freundlicher Unterstützung von:

Ein Verein in Bewegung —
— machen Sie mit!!

EINLEITUNG

LIEBE LESERIN,
LIEBER LESER,

Fortschritt und Modernisierungskritik, Offenheit und Individualismus, Neubauprojekte und Altbausilhouetten — in Linden-Limmer treffen sich Gegensätze. Während die Multikulti-Bevölkerung jede Veränderung kritisch beäugt, halten florierende Szene, hohe Fluktuation und reges Vereinsleben den Bezirk in Bewegung. In Hannovers Westen gibt es eben Neues und Altes!

Linden-Limmers Mischung wirkt anziehend: Ob zum Flanieren über die belebte Limmerstraße, zum Shoppen in den kleinen inhabergeführten Läden Linden-Mittes, zum Spaziergang am beschaulichen Ihmeufer, zum Kulturausflug oder zum Feiern in Clubs und Bars — aus der ganzen Region kommen Gäste. Langweilig wird es nie. Der Bezirk mit einem Heizkraftwerk als Wahrzeichen ist eine Wundertüte. Sogar politisch: So wird das »rote Linden« heute von einem Grünen regiert.

LINDEN LIMMER

INHALT

Portraits

LINDEN LIMMER

Lindener Berg
Biergarten (S.69), Wehrturm (S.24) und Bergfriedhof (S.22) auf 89 m über NN (S.44).

Von-Alten-Garten
Ehemaliger barocker Herrengarten (S.45) mit Abenteuerspielplatz (S.84).

Jazz Club
Legendärer Jazzclub mit Kelleratmosphäre (S.76).

Küchengarten
Urbaner Platz (S.46) mit Gourmet-Restaurant (S.62) und Kabarett-Theater (S.32).

DAS BESTE

Limmerstraße
Die belebte Flanier-meile mit Off-Kino (S.30) lädt abends zum »Limmern« (S.75) ein.

Lindener Markt
Marktplatz (S.46) mit historischem Brunnen (S.24), Wochenmarkt (S.50) und Rathaus.

DING3000
Produktdesign von in-ternationalem Format aus Limmer (S.53).

Fährmannsfest
Jährliches Open-Air-Fest für Alt und Jung auf der Wiese am Leinedreieck (S.106).

Einkaufen wird zum Heimspiel: die 96-BankCard.

Jeder Mensch hat etwas, das ihn antreibt.

MAGAZIN

VIER DÖRFER

Die meisten Altbauwohnungen, die größte Arbeitslosenquote und die wenigsten Rentner Hannovers: Statistisch gesehen ist der Bezirk Linden-Limmer eine Einheit. Dabei besteht er aus zwei ehemals eigenständigen Dörfern. Linden selbst ist wiederum in drei Stadtteile geteilt. Ein paar Eigenheiten hat sich aber jeder Stadtteil erhalten.

Linden-Mitte

Der Kern Lindens liegt in Linden-Mitte: Historisch bedeutend ist die Martinskirche (S.25). Der Marktplatz (S.46) bildet den Mittelpunkt des Stadtteils. Hier trifft man sich am Samstag auf dem Wochenmarkt, trinkt einen Cappuccino und kauft biologisch ein. Übrigens wurde die Philosophin Hannah Arendt hier geboren. Beliebtes Ausflugsziel ist der Lindener Berg (S.44) mit Biergarten (S.69), Jazzclub (S.76) und Bergfriedhof (S.22), wo im Frühling jährlich das Scilla-Fest (S.104) stattfindet. Linden-Mitte ist traditionell etwas wohlhabender. Auch heute locken die alten Häuser mit großen Wohnungen die Gutverdienenden an.

Linden-Süd

Zwischen Schwarzem Bär und Fischerhof liegt Linden-Süd. Hier begann Lindens Industriezeitalter. Heute hat der Stadtteil die meisten Arbeitslosen des Bezirks. Zu erkennen sind die Spuren der Vergangenheit rund um den Deisterplatz. Hier befindet sich das Hanomag-Gelände. Östlich der Eisengießerei entstand

MAGAZIN

zwischen 1850 und 1880 ein klassizistisches Arbeiterviertel. Seine Größe und bauliche Einheit sind in Europa fast einmalig. Heute ist der Stadtteil kulturelles Zentrum von Spaniern, Portugiesen und Türken.

Linden-Nord

Die Hauptachse Linden-Nords ist die belebte Limmerstraße inkl. Küchengarten (S.46). Tagsüber wird durch die Fußgängerzone flaniert, abends treffen sich Studenten und Szenegänger zum »Limmern« (S.75). Die Straße verbindet auch die beliebten Clubs Glocksee (S.75), Chéz Heinz (S.72) und das Kulturzentrum FAUST. Sehen und gesehen werden heißt es, wenn jährlich am Ihmeufer das Fährmannsfest (S.106) stattfindet. In Linden-Nord steht auch das Wahrzeichen des Bezirks.

Das 1962 ans Netz angeschlossene Heizkraftwerk (S.22) wird liebevoll »Drei warme Brüder« genannt. In den Altbauwohnungen des Stadtteils mit der größten Einwohnerdichte Hannovers leben viele Studenten und junge Alleinerziehende.

Limmer

Obwohl Limmer den flächenmäßig größten Teil des Bezirks ausmacht, wohnen in den flachen 60er-Jahre-Bauten lediglich 5 800 Menschen. Dies liegt an den Gewerbegebieten im Nordwesten sowie an den ausgedehnten Grünflächen um den Abstiegskanal der Leine. Spaziergänger schätzen die Idylle des Uferwegs. Im 19. Jh. befand sich hier das beliebte Ausflugslokal Schwanenburg (S.65). Während sich der alte Kern Limmers rund um die Nikolai-Kirche (S.26) befindet, liegt der kulturelle Mittelpunkt südlicher, rund um die Station Wunstorfer Straße.

DIE BEWOHNER

Die Bewohner Linden-Limmers haben ihren eigenen Lokalpatriotismus. Ihr Bezirk liegt westlich von Ihme und Leine. Früher lebten hier viele Proletarier — in Hannover saß das Kapital. Die Klassenkampf-Rhetorik haben sich die Bewohner erhalten. Wer dennoch die Bezirksgrenze gen Osten überquert, geht »nach Hannover« — ganz ohne Visum.

Vereine und Clubs

Engagement ist in Linden-Limmer obligatorisch. Neben den Stadtteilvereinen, der Stadtteilstiftung (S.100) und den Gewerbegemeinschaften ist auch die Zahl der Sportvereine im Bezirk hoch. Allen voran die Ruder-, Kanu- und Fußballclubs, wie der DRC, der Multikulti-Verein AS Ambrosiana (S.87) oder der Rugby Bundesligist Viktoria Linden. Die zahlreichen Schützenvereine des Bezirks organisieren sogar ihr eigenes Schützenfest (S.106).

Kunst, Kultur und Medien

Der Bezirk sprüht vor Kreativität. Viele arbeiten an ihrem eigenen Projekt — gerne mit Heimatbezug. So produziert die Agentur create.fm die Hörspielreihe »Zombies in Linden«, Bands wie die SpVgg Linden-Nord oder die Wohnraumhelden besingen ihren Bezirk, Jonny Peter schreibt Geschichtsbücher, das Duo Lindemann & Stroganow er-

FAUST e. V. [F1]

Als 1989 die Bettfedernfabrik Werner & Ehlers in Konkurs ging, wurden viele Lindener hellhörig. 1991 taten sich zehn heimatlose Lindener Vereine zum »Fabrikumnutzung und Stadtteilkultur e. V.« — kurz FAUST — zusammen, um das Gelände zu bespielen. Aus dem Zwischen- wurde eine Dauerlösung. So entstand ein Kulturzentrum mit Biergarten (S.69), Kunsthalle (S.29), zwei Märkten (S.50) und drei Clubs (S.73).

Zur Bettfedernfabrik 3, Tel. 45 50 01, www.faustev.de, Linie 10, Bus 700 Leinaustraße

sinnt Geschichten und das lokale Pils heißt BUM Bier (S. 73). Mit dem Medienhaus (S. 37), zwei Stadtteilzeitungen, dem Medienzentrum und dem Bürgerradio Flora (S. 39) ist die Mediendichte groß. In Linden-Nord regiert die Kunst: Während die Häuser mit Street Art geschmückt sind, finden in Kneipen und Cafés Ausstellungen und Lesungen wie der ABC-Alarm! (S. 38) statt.

DAS STADTBILD

Seit den 70ern hat sich das Bild Lindens stark verändert. Alte Industriegelände wurden umfunktioniert. Eine Weberei wurde zum Ihme-Zentrum (S. 25), die Ahrberg-Wurstfabrik zum Wohn-Gewerbe-Mischgebiet und die ehemalige Lindener Spezial-Brauerei zur Einfamilienhaussiedlung. Die Continental-Fabrik in Limmer wurde erst 2009 für das künftige Wohngebiet Wasserstadt abgerissen.

Proteste und Konflikte

Modernisierung wurde in Linden-Limmer schon immer kritisch beäugt: Bürgerinitiativen verhinderten in den 70ern die Kahlschlagsanierung, heute ist von Gentrifizierung die Rede. Die umstrittene Existenz sozialer Umstrukturierung im Bezirk erhitzt die Gemüter: Auf eine Biomarktkette, die aus Sicht einiger Lindener kleine Läden zerstört, wurden Anschläge verübt. Weiterer Streitpunkt: die Modernisierung der D-Linie — die Bahn über die Limmerstraße. Die geplanten Hochbahnsteige bedrohen nach Ansicht vieler Anwohner das Flair der Straße.

GESCHICHTE

KLEINE STATISTIK

Einwohner: 43.351
Fläche: 818 ha
Arbeitslosenquote: 10,7 %
Ausländeranteil: 20,1 %
Wohnungsleerstand: 1,9 %
PKWs pro Einwohner: 0,27
(alle Daten 01/2013)

ÜBERBLICK

Der Bezirk Linden-Limmer besteht aus den ehemals souveränen Dörfern Linden und Limmer.

Ein Gericht tagt unter den Linden

Bereits im 11. Jh. muss es zwischen Lindener Berg (S.44) und Leine (S.42) Bauernhöfe und Siedlungen gegeben haben. Erstmals erwähnt wurde die Region im Jahr 1113, als der sächsische Kaiser Lothar III. einem unter Lindenbäumen tagenden Gericht beiwohnte. So erhielt das Dorf zur Gründung 1115 wohl seinen Namen. Wichtige Anlaufstelle war u. a. die im 13. Jh. erbaute Martinskirche (S.25) am Fuße des Lindener Bergs. In der Umgebung befanden sich Ländereien und Lehnhöfe des Grafen von Roden, später auch der Welfenfamilie. Lindens Ausmaße reichten damals über heutige Bezirksgrenzen hinaus — bis Ricklingen und zur Calenberger Neustadt.

Im Schatten Hannovers

Unter dem Welfen Heinrich der Löwe, Enkel Lothars III., gewann Hannover im 12. Jh. an Bedeutung. Im Übergang vom Mittelalter zur Neuzeit wurde es Residenzstadt, später Finanzzentrum. Obwohl Linden lange als schönstes Dorf im späteren Königreich Hannover galt, konnte es kaum an dessen finanziellem Aufschwung teilhaben. Um 1500 bis 1869 befand sich am Schwarzen Bär die einzige Brücke zwischen Hannover und Linden. Militärische Bedeutung erhielt der Lindener Berg durch den 1392 erbauten Wehr-turm (S.24).

Graf von Roden in Limmer

Im 12. Jh. ließ Graf von Rodens vermutlich am heutigen Leinewehr eine Burg errichten. Dieses 1189 beurkundete »Castrum Limbere« wurde zum Namens-geber des Dorfes Limmer. Die 1268 erstmals genannte Nikolai-Kirche (S.26) bildete das kulturelle und religiö-se Zentrum. 1685 bis 1718 wirkte hier der markant predigende Pastor Jacobus Sackmann. Nach Erbteilung der von Rodens übernahm ein Familienteil den Zusatz von Limmer. Später zog es die von Rodens und Limmers nach Wunstorf. Im Umfeld der Kirche lebten Bauern,

Fischer und Handwerker unter ärmlichen Bedingungen. Das schöne Leben in Hannover war weit weg. Erst mit den Entdeckungen von Asphaltkalk und Schwefelquelle entstanden im 18. Jh. lukrative Einnahmequellen. Das Heilbad Am Limmerbrunnen wirkte anziehend. So begann der Aufschwung. Im Sog Lindens entwickelte sich Limmer zum Industriezentrum. Die Eingemeindung nach Linden erfolgte 1909. Heute ist Limmer der größte Bezirksteil.

Blüte, Elend und Industrie

Mit der Industrialisierung entstanden viele Metall-, Textil- und Gummifabriken. Um 1800 errichtete der Bauernsohn Johann Egestorff ein Kalkimperium am Lindener Berg. Dessen Sohn Georg eröffnete 1835 eine Eisengießerei im Süden, später Hanomag. Von dort zog die Industrialisierung gen Norden. 1866 wurde der Küchengarten zum Güterbahnhof. 1898 zog die Hannoversche Gummi-Kamm, später Continental AG, nach Limmer. Dörfliche, bäuerliche Prägung wich klassizistischen Arbeitervierteln. Im 19. Jh. hausten viele Lindener unter elenden Bedingungen.

Die 35-Jahre-Stadt

1885 erhielten die gerade mal 25.570 Lindener das Stadtrecht. Aber die Verwaltung Lindens gestaltete sich kompliziert: Wenig Steuerzahler und schlechte Infrastruktur brachten schnell finanzielle Not. So entstand der Wunsch nach Eingemeindung zu Hannover. Zwar profitierte die

Leinestadt vom Industriestandort Linden, Stadtdirektor Tram war aber nicht bereit, das finanzielle Erbe zu tragen. Nur mit knapper Mehrheit beschloss der Stadtrat 1920 die Eingemeindung der jetzt 80.000-Einwohner-Stadt Linden.

Arbeiterkampf und Krieg

Aus Arbeiter- entstand Widerstandskultur: Vermehrt gab es Aufstände gegen die unwürdigen Lebensbedingungen. Die SPD erhielt bei den Wahlen im »roten« Linden stets um die 70 %. Bis 1936 waren auch viele Lindener Mitglieder der Sozialistischen Front. Der später ermordete Wilhelm Bluhm war einer von ihnen. In Limmer wurde am Ende des 3. Reiches ein Außenlager des KZ Neuengamme für Frauen und politische

Jacobsstraße 10 [F4]

Das Arbeiterbewusstsein der Lindener kam auch nach 1945 zum Tragen. Nach Kriegsende zog Kurt Schumacher (Bild), seit 1930 Vorsitzender der SPD Stuttgart, zur Schwester nach Hannover. Sein Büro richtete er in der Jacobsstraße 10 in Linden-Mitte ein. Von hier aus betrieb er den Wiederaufbau der SPD. Im selben Haus befand sich auch die Wohnung des Kommunisten Maxim Bosse, die später zum Büro der KPD wurde. Im Oktober 1945 gründete sich Schumachers SPD in Wennigsen bei Hannover neu.

Häftlinge eingerichtet. Von den Kriegsbomben blieben die Arbeiterviertel Lindens weitgehend verschont.

Wieder Widerstand

Nach dem Krieg waren starke bauliche Änderungen geplant. Laut eines Baukonzepts für Linden-Süd und -Nord sollten die Arbeiterviertel Hochhäusern, die Limmer einer vierspurigen Ausfallstraße weichen. Realität wurden nur die Hochhäuser zwischen Fortuna- und Mathildenstraße sowie das Ihme-Zentrum (S.25). Nach und nach verschwand die Industrie. Doch gegen den Abriss der Arbeiterquartiere regte sich Mitte der 70er-Jahre Widerstand. Initiativen wie »Rettet die Viktoriastraße« ist es zu verdanken, dass Lindens klassizistische Bauten größtenteils erhalten und von Bürgern in Eigenregie saniert werden konnten.

Multikulturelle Vielfalt

Die Geschichte Linden-Limmers ist geprägt von Zuwanderung. Im 19. Jh. zogen erst Arbeiter aus dem Umland, dann aus Pommern, Schlesien und Sachsen nach Linden. In den 1970ern kamen Gastarbeiter aus Spanien, Portugal und der Türkei. Heute ist Linden-Nord durch viele 2- bis 3-Zimmer-Wohnungen für Studenten attraktiv. So zieht es ein junges Milieu in den Stadtteil. Die kulturelle Vielfalt ist allgegenwärtiger. Limmer jedoch, in den 50ern durch den Bau des Schnellweges räumlich von Linden getrennt, ist homogener. Die »Öffnung« Limmers begann erst in den 2000ern.

SEHENSWERT

Bethlehemkirche [D4]

Etwas verwunschen kommt die neoromanische Kirche daher: Der verschachtelte Gebäudekomplex von Karl Mohrmann vereint italienische, skandinavische und sächsische Einflüsse. Erbaut wurden die Sand- und Kalksteingebäude 1906 auf dem Fössefeld. Durch den Schnellweg sind sie heute von ihrer ursprünglichen Umgebung abgetrennt. Die Kirche wird bis 2014 restauriert.

Öffnung vorher erfragen, Bethlehempl. 1, Tel. 923 99 70, www.kirche-in-linden.de, Linie 10, Bus 700 Ungertraße

Heizkraftwerk Linden [F2,4]

Die »Drei warmen Brüder« sind das Wahrzeichen Lindens. Sinnbildlich stehen die drei Kesselhäuser mit den Schornsteinen für die Industriekultur des Stadtteils. Um die Bewohner des neu gebauten Ihme-Zentrums zu schonen, wurden die Schornsteine 1971 auf 125 m verlängert. Bis heute wird mittels Erdgas Strom für 200.000 und Fernwärme für 35.000 Haushalte produziert. In Betrieb sind nur noch die äußeren Kesselhäuser. Im mittleren steht lediglich ein Heizkessel für Fernwärme. Betreiber Enercity bietet kostenlose Führungen an.

Spinnereistr. 9, Linie 10, Bus 100/200, 120, 700 Am Küchengarten

Lindener Bergfriedhof [G2]

160 Pflanzen-, 25 brütende Vogelarten und sogar Fledermäuse: Der 1863 von Georg Egestorff gestiftete, 1965 stillgelegte Friedhof ist ein Naturidyll. Im Frühling erlebt man hier sein »Blaues Wunder«: Dann färbt der Blütenteppich der Scilla-Blume den Boden violett-blau. Dem Spektakel zu

Ehren findet jährlich ein Fest (S.104) statt. Auf dem Friedhofsgelände steht auch der barocke Lustpavillon, der 1914 vom Küchengarten (S.46) auf den Bergfriedhof versetzt wurde. Der Quartier e. V. (S.104) organisiert im Küchengartenpavillon Kunstausstellungen.

Pavillon: Di, Fr, So 15-17, im Winter 14–16 Uhr, Friedhof: Tel. 16 84 96 43, Am Lindener Berge, Bus 100/200 Sternwarte

Lindener Hafen [E1,3]

3 000 Beschäftigte, 50 Betriebe und 79 ha Fläche: Der Speditionshafen ist bedeutend für Hannovers Wirtschaft. Hier werden Mineralöl, Stahl und Recyclingwaren verladen. Bis 1990 versorgte er das Heizkraftwerk mit Kohle.

Davenstedter Str. 134, Tel. 16 84 49 07, www. hannover-hafen.de, Linie 9, Bus 120 Am Lindener Hafen

Lindener Turm [G2]

Eingerahmt von Bäumen steht der Kalksteinturm auf der Spitze des Lindener Bergs (S.44): Im 14.Jh. wurde das Gebäude als Wartturm der hannoverschen Landwehr errichtet. Nach dem Dreißigjährigen Krieg erfolgte der Umbau zur Windmühle. Heute ist hier ein Biergarten (S.69).

Am Lindener Berge 29A, Bus 100/200 Sternwarte

Lindener Volkssternwarte / Wasserhochbehälter [G2]

Auf dem Lindener Berg thront der rote Koloss: Seit 1878 versorgt der Hochbehälter ganz Hannover mit Trinkwasser. Der massive Backsteinbau fasst 13.200 m³ Wasser. Bei klarem Himmel lädt der Verein Volkssternwarte Geschwister Herschel e.V. auf dem Dach des Behälters ein, in die Sterne zu gucken. Auch Führungen.

Sternwarte: Aug.—Mai Do 20—22 Uhr, Eintritt frei, Tel. 45 62 90, www.sternwarte-hannover.de, Am Lindener Berge 27, Bus 100/200 Sternwarte

Nachtwächterbrunnen [F4]

Das Schnäppchen unter den Sehenswürdigkeiten: Als der Lindener Markt (S.46) 1894 zum Zentrum der Stadt ausgebaut wurde, fehlte dem Platz ein Highlight. Der Stadtrat wurde in Hannover fündig. Dort war der Entwurf des Künstlers Hans Dammann für den Brunnen am Holzmarkt auf Ablehnung gestoßen. Linden kaufte den Brunnenentwurf samt Bronzefigur günstig ein. Der Türmer wurde zu einem Nachtwächter umgearbeitet. Im Zweiten Weltkrieg verlor der Brunnen seinen ursprünglichen Sockel.

Am Lindener Marktplatz, Linie 9, Bus 100/200, 120 Lindener Marktplatz

Stadtteilfriedhof Fössefeld [E2]

Ein bemerkenswerter Teil deutscher Kriegsgeschichte: Auf dem 1865 errichteten Friedhof am Fössefeld fanden bis 1971 Soldaten ihre letzte Ruhe. Zwischen den gefallenen Soldaten liegen Kriegsgefangene und mindestens 43 Wehrmachtsdeserteure. Die Gräber aus dem Ersten Weltkrieg erkennt man an den Stelengrabsteinen, die aus dem Zweiten Weltkrieg an den eisernen Kreuzen. Ein Obelisk erinnert an die Opfer des Deutsch-Französischen Krieges.

März–Okt. 8–20, Nov.-März 9–17 Uhr, Friedhofstr., Tel. 16 84 56 14, Linie 10, Bus 700 Wunstorfer Straße

St. Martinskirche [F3]

Bereits 1285 befand sich am Rande des Dorfes Linden ein Kirchenbau der Diözese

Ihme-Zentrum [F4]

Vom Vorzeigeprojekt zur Bausünde: 1972 begann der Bau des Ihme-Zentrums mit Wohnungen, Büros und Gewerbe. Doch die »Stadt in der Stadt«-Idee floppte. Bald wurden die Wohnungen unbeliebt, die Gewerbeflächen schwer erreichbar (die Küchengarten-Brücke wurde 2008 abgerissen). So mutierte der Hochhauskomplex zum Brennpunkt. Heute wirkt er wie eine Geisterstadt — Zukunft ungewiss.

Am Küchengarten/Ihmeplatz, Linie 10, Bus 100/200, 120, 700 Am Küchengarten

Minden. 1728 entstand hier eine barocke Kirche mit später hinzugefügtem Turm im neugotischen Stil. Im Zweiten Weltkrieg wurde das Gebäude weitgehend zerstört. Im Neubau von 1957 sind die alte Turmspitze und das Eingangsportal integriert. Für Kulturelles sorgt ein Förderverein (www.musik-in-st-martin.de). Vom Friedhof sind allein die Grabsteine der Familie Egestorff erhalten.

Öffnung nur zu den Gottesdiensten, An der Martinskirche 15, Tel. 924 93 31, www.st-martin-linden.de, Bus 100/200 Martinskirche

St. Nikolai-Kirche [A4]

1268 wurde die Kirche im ehemaligen Dorfkern Limmers erstmalig erwähnt. Ganz in der Nähe soll die namensgebende Burg Limbere gestanden haben. Der Rohbau der heutigen Kirche stammt aus dem Jahre 1791. Altarraum, Sakristei und Turm wurden erst 1898 fertiggestellt. Der Innerenraum beherbergt eine Geschichtsausstellung (S. 34).

Tgl. 10—18 Uhr, Sackmannstr. 32, Tel. 210 42 84, www.nikolai-limmer.de, Bus 700 Tegtmeyerstraße

Wasserkraftwerk Herrenhausen / Wasserkunst [D1]

Geniestreich und Irrwitz in einem: Zum Betrieb der einstmals höchsten Fontäne der Welt im Großen Garten wurde Anfang des 18. Jh. nach Plänen von Leibniz die »Wasserkunst« angelegt. Auf der westlichen Leineseite produziert ein Wasserkraftwerk Strom. Daneben befindet sich ein Fischaufstiegskanal. Betreiber Enercity bietet kostenlose Führungen. Die »Wasserkunst« wird bis 2015 restauriert.

Am Großen Garten, Bus 700 Tegtmeyerstraße

KULTUR

GALERIEN

Falkenberg — Galerie für Neue Kunst [F4]

Über den Hinterhof eines Backsteingebäudes erreicht man die moderne White-Cube-Galerie. Seit 2001 werden in der ehemaligen Fleischerei Einzel- und Sammelausstellungen junger bis renommierter Künstler aus ganz Deutschland veranstaltet.

Mo 10—18, Do, Fr 14—18, Sa 12—16 Uhr, Falkenstr. 21A, Tel. 44 51 26, www.galerie-falkenberg.de, Linie 9, Bus 100/200, 120 Lindener Marktplatz

Galerie im Keller [D4]

Fotogalerie für jedermann: Vom Profi aus der Umgebung bis zum kreativen Hannoveraner darf jeder in der städtischen Galerie im Keller des Freizeitheims Linden (S.39) ausstellen. Einzige Bedingung: Die Kosten für Plakate etc. zahlt der Künstler.

Mo—Fr 10—22 Uhr, Sa, So nach Anfrage, Windheimstr. 4, Tel. 16 84 48 97, www.galerie-im-keller.de, Linie 10, Bus 700 Ungerstraße

Galeria Lunar [D2]

Türkis-schwarz erstrahlt die Leuchtreklame über dem Schaufenster: 2009 hatten Nils Schumacher und Martin Wolfstein die Idee, in einem ehemaligen Ladengeschäft für Bautechnik eine Plattform u. a. für Nachwuchskünstler zu schaffen. Traditionelle Kunstformen treffen auf Experimentelles. Abends gibt es Lesungen und Konzerte.

Do—So 14—18 Uhr, Kötnerholzweg 51, Tel. 0177

KULTUR

612 46 70, www.galeria-lunar.de, Linie 10, Bus 700 Ungerstraße

Kunsthalle FAUST [F1]

Multimediale Installationen, Fotosammlungen und Gemälde zwischen weißen Wänden und Holzdielen — in der Kunsthalle im 1. OG des Veranstaltungszentrums FAUST (S.13) stellen internationale und zeitgenössische Künstler aus. Zu den raumbezogenen Ausstellungen gesellen sich diverse Einzelveranstaltungen. Außerdem: Workshops.

Do, Fr 16—20, Sa, So 14—18 Uhr, Eintritt variiert, Zur Bettfedernfabrik 3, Tel. 213 48 60, www.faustev.de, Linie 10, Bus 700 Leinaustraße

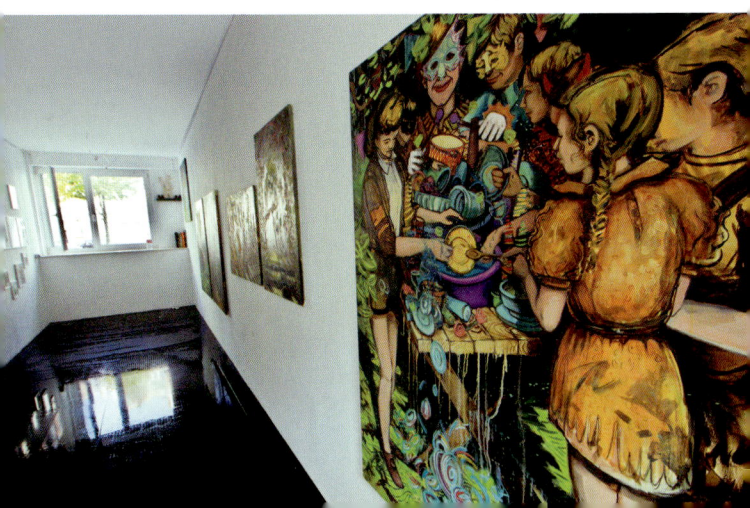

KINO & THEATER

Apollo Kino [F1]

Über dem Eingang zum Hinterhofkino strahlt eine simple schwarz-weiße Leuchtreklame: Seit 1908 werden an der Limmer-straße nicht mehr ganz aktuelle Kassenschlager und Arthaus-Filme gezeigt. 1973 übernahm der spätere Cinemaxx-Gründer Hans-Joachim Flebbe zeitweise die Leitung des Kinos. In dem traditionsreichen Kinosaal mit 214 roten Polstersitzen findet auch DESIMOs Spezial Club statt.

Eintritt: 2—6 Euro, Limmerstr. 50, Tel. 45 24 38, www.apollokino.de, Linie 10, Bus 700 Leinaustraße

Compagnie Fredeweß [H1]

Professionelles zeitgenössisches Tanztheater in einer ehemaligen Wurstfabrik: Seit 1998 präsentiert das Fredeweß-Ensemble

jährlich im Herbst eine Inszenierung. Daneben finden in der Studiobühne internationale Tanzfestivals und Workshops statt. Das Tanzhaus im AhrbergViertel ist zudem Spielstätte für das Projekt »Moderner Tanz in Schulen« sowie für Gastspiele und Kooperationen mit traditionellen Häusern. Eintritt: 8–12 Euro, Ilse-ter-Meer Weg 7, Tel. 45 00 10 82, www.compagnie-fredewess.de, Bus 300 Deisterplaz/Allerweg

Mittwoch:Theater [G2]

Mittwochs ist Theaterzeit auf dem Lindener Berg (S.44). Im ersten Stock einer alten Villa, dessen Keller der Jazz Club (S.76) bespielt, präsentiert das Privattheater seit über 40 Jahren Dramen, Komödien und Lesungen für bis zu 120 Gäste. Ob klassisch oder experimentell — das professionelle Laienensemble spielt mit Hingabe.

Mi ab 19.30 Uhr (manchmal auch Sa), Eintritt: 9–18 Euro, Tel. 45 62 05, www.mittwochtheater.de, Am Lindener Berge 38, Bus 100/200 Sternwarte

Theatersport

Zwei sich duellierende Schauspieler, ein Publikum, das durch Zwischenrufe den Verlauf des Stückes ändert und jede Menge Improvisation: Theatersport, das in den 60ern in England entstandene Format hat in Linden Einzug erhalten. In der Warenannahme (S.74) spielen Hannover 98 und die Improkokken regelmäßig ihre Matches — auch gegeneinander. Dazu führen sie weitere Impro-Formate wie den Impro-Grand Prix de la Chanson auf. www.hannover98.de, www.improkokken.de

Der Eingang zum Apollo Kino

TAK — Theater am Küchengarten [F4]

Früher lockten öffentliche Duschen, heute führt politisches Kabarett die Menschen in das rote Backsteingebäude am Südende des Küchengartens (S.46). In das 1987 vom kürzlich verstorbenen Kabarettisten Dietrich Kittner gegründete TAK kommen Szenegrößen wie Georg Schramm, Volker Pispers und Urban Priol. Bis zu 130 Gäste finden an kleinen Rundtischen oder auf dem Parkett Platz. Gastronomische Bewirtung in der Stunde vor der Veranstaltung. Keine Verzehrpflicht. Mo—Sa ab 20, So ab 18.30 Uhr, Eintritt: 15,50—21 Euro, Am Küchengarten 3—5, Tel. 44 55 62, www.tak-hannover.de, Linie 10, Bus 100/200, 120, 700 Am Küchengarten

Theater an der Glocksee [F4]

Im Nachbarstadtteil Calenberger Neustadt befindet sich im alten Fuhramt an der Ihme (S.42) ein mehrfach ausgezeichnetes Absolventen-Theater. In dem Saal mit 90 Plätzen und großflächiger Bühne spielt das Ensemble seit 1989 innovative Eigenproduktionen und moderne, sozialkritische Stücke. Für Arbeitslose gratis. Eintritt: 10—14 Euro, Glockseestr. 35, Tel. 161 39 36, www.theater-an-der-glocksee.de, Linie 10, Bus 100/200 Glocksee

Theaterwahn [F4]

Ein Raum mit 50 hölzernen Sitzplätzen und kleiner Bühne dient den Laienschauspielern vom Theaterwahn e. V. als Spielstätte. Bei ihren Eigenproduktionen lässt das Amateurtheater die Grenzen zwischen Schauspiel, Regie und Technik verschwimmen. Vorstellungen im Herbst. Der Verein sucht Mitglieder.

Eintritt: 8–11 Euro, Ricklinger Str. 2, Tel. 161 30 46, www.theaterwahn.de, Linie 17 Ricklinger Straße

Portrait

DESIMO

Vom Pilgerer zum Pionier: Als Detlef Simon alias DESIMO 2002 erfuhr, dass der Quatsch Comedy Club von Hamburg nach Berlin ziehen würde, kam dem Hannoveraner Komiker, Radio-Moderator und Zauberer eine Idee: „Mit Freunden bin ich damals regelmäßig zum Quatsch-Club gefahren. Berlin war aber zu weit weg. Da haben wir überlegt, was wir in Hannover machen können." Kurz darauf moderierte der heute 46-Jährige seinen ersten »Spezial Club«. „Das Apollo war von Anfang an als Veranstaltungsort gesetzt", erklärt DESiMO, denn „die Wohnzimme-ratmosphäre dort passt einfach zu uns". Die Kombination aus Stand-up-Comedy, Kabarett und Zauberei kam an — obwohl die Gäste der Überraschungsshows nicht bekannt gegeben werden, war die erste Veranstaltung zwei Wochen im Voraus ausverkauft. Heute ist DESiMOs »Spezial Club« eine Lindener Institution. Der 10-jährige Geburtstag musste ins Theater am Aegi in die Südstadt ausgelagert werden. Zu Gast war auch Quatsch-Comedy-Club-Chef Thomas Hermanns.

www.spezial-club.de

MUSEEN

Buchdruck-Museum [F1]

Ein unscheinbares Schild weist auf das von ehemaligen Setzern und Buchdruckern gegründete Hinterhofmuseum hin. Neben einer 50er-Jahre-Druckerei-Optik trifft man hier auf geballtes Fachwissen. Die Setzmaschinen und Handpressen lassen sich begutachten und auch selbst betätigen. Auf Anfrage Führungen und Workshops.

Mi 16–20 Uhr und auf Anfrage, Eintritt: 3–4 Euro, Tel. 220 82 53, www.buchdruckmuseum-hannover.de, Limmerstr. 43, Linie 10, Bus 700 Leinaustraße

Geschichte in der Kirche [A4]

Zweimal jährlich widmet sich die Nikolai-Kirche (S.26) ausführlich einem Aspekt der rund 800-jährigen Geschichte Limmers. Dazu gibt es eine Dauerausstellung mit Zeittafeln, Fotos und Exponaten.

Jeden 2. und 3. Sonntag 15–17 Uhr und auf Anfrage, Eintritt frei, Sackmannstr. 32, Tel. 210 42 84, www.nikolai-limmer.de, Bus 700 Tegtmeyerstraße

Hammermuseum [D1]

Als der Kfz-Meister Georg Peters 1982 in Rente ging, entschloss er sich, die Öffentlichkeit an seiner faszinierenden Hämmer-Sammlung teilhaben zu lassen. Zu jedem Hammer weiß Peters eine Geschichte zu erzählen.

Mo–Fr 8–20, Sa 8–12 Uhr, Weidestr. 22, Eintritt frei, Tel. 210 20 25, www.hammermuseum.de, Linie 10, Bus 700 Wunstorfer Straße

AKTIV

DO IT YOURSELF

Edelstall [F4]

Nie mehr zu Hause arbeiten! In dem Coworking Space können sich Selbstständige, Künstler und Firmen Arbeits-, Besprechungs- oder Veranstaltungsräume tageweise mieten. Inklusive Internet, Drucker, Scanner, Büromaterial und Pausenklön. Probetag kostenlos.

Mo–Fr 9–19 Uhr, Schwarzer Bär 2, Tel. 16 58 98 53, www.edelstall.de, Linie 9, 17, Bus 120, 300, 500 Schwarzer Bär

Transition Town Bürgergärten [A4 / D4]

Der 2010 gegründete Transition Town e. V. ist Teil einer weltweiten Bewegung zur Förderung lokaler Landwirtschaft und integrativer Stadtentwicklung. In den Bürgergärten Kügäli und Pagalino können Interessierte selbst Gemüse anpflanzen, sich informieren oder die Atmosphäre genießen. Außerdem: Exkursionen und Erntedankfest mit Workshops.

Kügäli: Treffen Di 17 Uhr, Wunstorfer Str. 130, Bus 700 Steinfeldstraße, Pagalino: Treffen Mi 17 Uhr, Windheimstr. 4, Linie 10, Bus 700 Ungerstraße, www.tthannover.de

Wall of Fame Glocksee [F4]

Die Gasse durch die Glocksee (S.75) ist in der Graffiti-Szene über Hannovers Grenzen hinaus bekannt: An der »Wall of Fame« können sich Sprayer legal betätigen. Wegen des hohen Niveaus sollte man allerdings zuhause üben, bevor man sich hier verewigt.

Glockseestr. 3, Linie 10, Bus 100/200 Glocksee

WASCHweiber [F4]

Der besondere Waschsalon: Zwischen Farn-Sträuchern und flippigem Interieur werden Getränke und Bistro-Speisen gereicht. Zusätzlich auch Song-writerkonzerte und Tatort-Abende.

Di—Sa 11—0, Waschen bis 22, So 11—22, Waschen bis 19 Uhr, Limmerstr. 1, Tel. 123 76 96, www.waschweiber-hannover. de, Linie 10, Bus 100/200, 120, 700 Am Küchengarten

Portrait

Ekkehard Kähne

Um echter Lindener zu werden, muss man nicht aus dem Stadtteil stammen — Lindener wird man aus Überzeugung. Bestes Beispiel ist Ekkehard Kähne. Nach dem Studium an den Kunsthochschulen Hannover, Braunschweig und Montpellier zog der gebürtige Berliner 1988 nach Linden-Mitte. Dem Stadtteil ist er seither treu geblieben. „Linden ist wie ein Berliner Kiez", erzählt der 59-Jährige, „eine Stadt in der Stadt" die ein „unglaubliches kreatives Potenzial" besitzt. An letzterem ist Kähne nicht ganz unschuldig. 1982 war er Mitgründer des Vereins für visuelle Kommunikation, später des FAUST e. V. (S.13). Über das Medienhaus Hannover e. V. brachte er internationale Künstler wie Brian Eno nach Hannover. Mittlerweile hat sich der Medienpädagoge auf die Produktion und Durchführung von Dokus und Workshops spezialisiert. Die 2013 erschienene Doku »Linden, ein Liebeslied« ist seine Liebeserklärung an den Stadtteil, in dem er „so herzlich wie nirgendwo anders" empfangen wurde.

Schwarzer Bär 6, Tel. 44 14 40, www.medienhaus-hannover.de

LINDEN LIMMER

OFFENE BÜHNEN

ABC-Alarm! [F1]

Jeden dritten Donnerstag gilt in der Warenannahme (S.74) das gesprochene Wort. Abwechselnd finden der Poetry Slam »Macht Worte!«, Motto-Slams und Leseshows statt. Viermal im Jahr ist freitags Zeit für den Schüler-Slam SPAM.

Zur Bettfedernfabrik 3, Tel. 45 50 01, www.faustev.de, Linie 10, Bus 700 Leinaustraße

Offene Bühne Hannover [H1]

Ob Jazz, Pop, Reggae oder Indie, ob Original oder Cover — jeden dritten Donnerstag im Monat darf man bei der offenen Bühne im Kulturpalast (S.76) seine musikalischen Fähigkeiten präsentieren. Ein Klavier steht bereit.

Deisterstr. 24, Tel. 0171 144 59 08, www.kulturpalast-hannover.de, Linie 9, 17, Bus 120, 300, 500 Schwarzer Bär

A K T I V

WORKSHOPS

Atelier Lineart [H1]

In ihrer Galerie bietet die Künstlerin Claudia Schmidt Langzeitworkshops und wöchentliche Kurse wie »Radierung«, »Aktzeichnung« und »Mischtechniken« an. Anmeldung erforderlich.

Ilse-ter-Meer Weg 5, Tel. 897 33 91, www.atelier-lineart. de, Bus 300 Deisterplatz/ Allerweg

Der kleine Tauchladen [D4]

Zum Tauchurlaub nach Linden? Klingt verrückt, ist aber möglich. Der Laden für Unterwasser-Utensilien bietet Tauchkurse für Anfänger und Fortgeschrittene. Praxisstunden finden im Hallenbad Sehnde oder in einem See statt.

Velberstr. 10, Tel. 44 71 44, www.der-kleine-tauchladen.de, Line 10, Bus 700 Leinaustraße

Achtung: Hai im Tauchladen!

Freizeitheim Linden [D4]

Das Freizeitheim ist eine Institution! 1961 eröffnete das erste soziokulturelle Stadtteilzentrum Deutschlands. Bürgergruppen und Vereine bieten Kurse für Groß und Klein an — von Schneidern für Senioren über Tanzen bis zum Kinderzirkus (S.83) und der Geschichts-

Radio Flora [F1]

Unkommerzielles, multikulturelles und basisdemokratisches Bürgerradio — mit dieser Idee gründete sich 1993 der Freundeskreis Lokal-Radio Hannover e. V. Von 1997 bis 2009 sendete der Bürgerfunk vom FAUST-Gelände (S.13) über UKW. Als die Förderung aufgrund zu geringer Quoten auslief, wurde der Sender zum Internetradio. Das Konzept blieb gleich: Bürger können nach Vorlage eines Konzepts eigenständig Radiosendungen gestalten.

Zur Bettfedernfabrik 3, Tel. 76 38 91 95, www.radioflora.de

werkstatt. Der Bezirksrat tagt in dem Flachbau.

Windheimstr. 4, Tel. 16 84 48 97, www.fzh-linden.de, Linie 10, Bus 700 Ungerstraße

Kochschule Hannover [H1]

Exklusiv Kochen in Linden-Süd: In eleganter Atmosphäre bietet die private Schule Kurse von »Pasta à la Casa« bis »Hummer & Co.« an. Besonders: Die Männerkochschule.

Charlottenstr. 42, Tel. 123 79 07, www.kochschule-hannover.de, Linie 10, Bus 100/200 Charlottenstraße

Stoffreich Nähkurse [F4]

Im Stoffreich geben Daniela Friedmann und Christa Lauterbach-Elgeti ihre Näh- und Schnittfertigkeiten weiter. Dabei entstehen individuelle Röcke, Hosen oder Taschen. Termine online.

Stephanusstr. 2, Tel. 10 54 0447, www.stoffreich-hannover.de, Linie 9, Bus 100/200, 120 Lindener Marktplatz

Tango Milieu [F1]

Hier werden heißblütige Sohlen aufs Parkett gelegt! Die Tango Argentino Schule bietet seit über 10 Jahren am FAUST-Gelände (S.13) Langzeitkurse in fünf Stufen und Tanzpartys an. Sonntags 15—22 Uhr Tango Café inkl. Schnupperkurs.

Zur Bettfedernfabrik 1, Tel. 44 02 02, www.tango-milieu.de, Linie 10, Bus 700 Leinaustraße

Yoga in Linden [F1]

Sich biegen, ohne sich etwas zu brechen. Die gemütliche Yoga-Schule bietet Kurse für Anfänger, Fortgeschrittene und Schwangere. Wer sich ausprobieren will, bucht eine Probestunde für 10 Euro.

Berdingstr. 6B, Tel. 262 97 85, www.yoga-linden.de, Line 10, Bus 700 Leinaustraße

PARKS & PLÄTZE

FLÜSSE & KANÄLE

Fösse [B1—3/E2—4]

Gerade mal 8 km ist der Nebenfluss der Leine lang, in Linden hinterlässt er dennoch Spuren. Vom Lindener Hafen (S.23) fließt er zum Fössefeld. Hier befindet sich der Stadtteilfriedhof (S.25). Flussabwärts schlängelt sich ein idyllischer Pfad zur Leinemündung. An dieser Stelle liegt die Schwanenburginsel inkl. Uferwiese und Spielplatz.

Linie 10, Bus 700 Wunstorfer Straße

Ihme [F2,4/H2,4]

Die Ihme ist Lindens blaue Ader. Im Osten bildet der zur Entlastung der Leine geflutete Fluss die Grenze des Bezirks. Von der südlichen Lodemannbrücke fließt er vorbei an Ihme-Zentrum (S.25) und etlichen Grünflächen zum Leinedreieck. Hier, wo die Wassermassen mit ihrem Stammfluss zusammentreffen, befindet sich die Fährmannswiese, wo im Sommer das Fährmannsfest (S.106) stattfindet. Auf der anderen Uferseite lädt das Strandleben (S.71) zum Weizenbiertrinken ein. Tipp: Ein Spaziergang am Ihmeufer.

Linie 10, Bus 100/200, 120, 700 Am Küchengarten, Linie 9, 17, Bus 120, 300, 500, Schwarzer Bär, Linie 3, 7, 17, Bus 100/200 Allerweg

Leine und Leineabstiegskanal [A1,2,4/D1,2/F1]

Die Ostgrenze Limmers und des nördlichen Lindens bildet die Leine. Im Süden mündet die Ihme, weiter nördlich die Fösse in den Fluss. Auf Höhe der Wasserkunst (S.26) wurde Anfang des 20. Jh. ein Verbindungskanal zum Stichkanal samt Schleuse angelegt. Hier finden Ruder- und Kanu-Polo-

PARKS & PLÄTZE

Wettbewerbe statt. Im Sommer entspannt die Lindener Jugend auf der Dornröschenbrücke. Am Uferweg lässt es sich prima entlang spazieren.

Linie 10, Bus 700 Wunstorfer Straße — Leinaustraße, Bus 700 Tegtemeyerstraße

Stichkanal [A1,2/C1,2,4]

Eine Schleuse, ein Hafen (S.23) und jede Menge Wasser. Für Freunde der Industrieschifffahrt bietet der Stichkanal einiges. Als grüne Oase dient die zwischen 1910 und 1915 infolge des Hafenbaus angelegte Wasserstraße zum Mittellandkanal weniger. Große Teile des Ufers sind bebaut.

Linie 10 Brunnenstraße

PARKS & GÄRTEN

Botanischer Schulgarten [G1]

Biologieunterricht hautnah: Im 1920 angelegten Garten lernen Schüler und Lehrer die Geheimnisse der Natur kennen. Der Garten auf der

Nordseite des Lindener Bergs beherbergt ein Moorbeet, ein Schulungszentrum, Kräuter-, Gemüse- und Steingärten sowie Hannovers einzigen Weinberg. Der Schulgarten ist öffentlich zugänglich. Führungen nach Absprache.

Mo–Do 7–15.30, Fr 7–12.45 Uhr, Am Lindener Berge 50, Tel. 16 84 40 77, www.schulbiologiezentrum. info, Linie 9 Bauweg

Lindener Berg [G1,2]

Ein Kalkberg mit Geschichte: 1392 wurde auf der Spitze des 89 m über NN liegenden Berges der Lindener Wehrturm (S.24) errichtet. Im Dreißigjährigen Krieg campierte hier Feldmarschall Tilly. Später nutzte der Unternehmer Johann Egestorff den Berg zum Kalkabbau. Heute befindet sich auf dem Berg eine der ältesten Kleingartenkolonien Han-

novers, der öffentliche Bergfriedhof (S.22), ein Botanischer
Garten, eine Sternwarte (S.24),
das Mittwochs-Theater (S.31)
und der Jazz Club (S.76). Das
1905 fertiggestellte Stadion ist
Heimstätte des SV Linden 07.
Am Lindener Berge, Bus
100/200 Sternwarte

Von-Alten-Garten [G2/H1]

Jagdgrund, Rittergut mit
Lustschloss, eingemauerter
englischer Landschaftsgarten
und schließlich ein öffentlicher
Park: Das ehemalige Grund-
stück der Adelsfamilie von Alten hat eine lange Geschichte
hinter sich. Erst 1997 erwarb
die Stadt Hannover die letzten Teile des Parks. Durch die
Bebauung im Laufe der Jahre
büßte der Park seine ursprüng-
liche Größe ein. Hinter dem
Schnellweg steht noch die ur-
sprüngliche Parkmauer einsam
als Lärmschutz da. Das massive

Eingangstor, einige Skulpturen
und die Terrasse des im Zweiten Weltkrieg ausgebrannten
Schlosses erinnern an vergan-
gene Zeiten. Neu auf dem Gelände ist der großzügige Spiel-
park für Kinder (S.84).
Posthornstr./Niemeyer-
str., Linie 9, Bus 100/200, 120
Lindener Marktplatz

Offene Pforte

Ob englischer Stil, Gemü-
segarten oder Grünfläche mit
Kunst: Auf Privatgrundstücken
verbergen sich oft echte Schät-
ze. Um diese den Interessier-
ten zugänglich zu machen, hat
die Gartenregion Hannover das
Programm »Offene Pforte« ins
Leben gerufen. Gartenfreunde
können an ausgewählten Wochenenden engagierte Gärtner
besuchen. Drei der 168 offenen
Gärten befinden sich in Linden-
Limmer. Programm online.
www.hannover.de/Kultur-
Freizeit/Naherholung/Gärten-
genießen/Gartenregion

⇦ *Barocke Statue im Alten-Garten*

PLÄTZE

Küchengarten [F4]

1652 belieferte der Küchengarten Adlige mit Obst und Gemüse, zur Zeit der Industrialisierung wurde er Güterbahnhof, in den 70ern ein Verkehrsknotenpunkt mit Hochbrücke. Heute lädt der Platz zum Verweilen nach dem Einkaufsbummel oder zum Skaten ein. Entlang der alten Bahngleise zieht sich zudem ein Parkstreifen.

Linie 10, Bus 100/200, 120, 700 Am Küchengarten

Lichtenbergplatz [F3,4]

Traditioneller Mittelpunkt des gutbürgerlichen Lindens: Der kleine, nach dem ersten Bürgermeister der Stadt Georg Lichtenberg benannte Platz ist ein Idyll. Vor allem die späthistorischen Gebäude und der Kreisel mit der Kastanie in der Mitte beeindrucken.

Linie 9, Bus 100/200, 120 Lindener Marktplatz

Lindener Marktplatz [F4]

Schwarz-rotes Kopfsteinpflaster und zentrale Lage: Der Marktplatz wirkt wie Lindens natürliche Mitte. Dabei wurden der Platz samt Brunnen (S.24) und gotischem Ratskeller-Gebäude erst um 1900 angelegt. Am Lindener Marktplatz 2 wurde die Philosophin Hannah Arendt geboren. Dienstags und samstags Wochenmarkt (S.50).

Linie 9, Bus 100/200, 120 Lindener Marktplatz

Pfarrlandplatz [F1]

Ein idyllischer Platz zwischen Limmerstraße und Ihme: Besonders für Familien lohnt sich der Aufenthalt. Während die Kleinen auf dem Spielplatz toben, trinken die Großen im Doppelkorn (S.59) Kaffee.

Linie 10, Bus 700 Leinaustraße

EINKAUFEN

ACCESSOIRES & SCHMUCK

Aurix [F4]

Während Schmuckdesignerin Susanne Nöhren in der einen Ladenhälfte Ringe, Armbänder und Ohrschmuck produziert, werden die fertigen Stücke in der anderen zum Verkauf angeboten. Neben den Eigenkreationen verkauft die Goldschmiedin auch Schmuck von Manu und Ayala Bar.

Mo, Di, Do, Fr 10—13 und 15—18, Mi, Sa 10—13 Uhr, Am Lindener Marktpl. 7, Tel. 44 60 84, www.aurix-schmuck. de, Linie 9, Bus 100/200, 120 Lindener Marktplatz

RIVA [F3]

Farbenfroh glitzernde Glasvasen, pastellige Taschen und niedliche Eulenkissen verzieren das Schaufenster von Steffi Spitzls Laden. Die Textildesignerin verkauft hier Accessoires aus aller Welt: Von der Green-Gate-Kanne bis zur Blutsgeschwister-Börse. Filiale am Lindener Marktplatz (Mo–Fr 11—18.30, Sa 10—15 Uhr).

Mo—Fr 10—19, Sa 10—15 Uhr, Limmerstr. 23, Tel. 44 79 74, www.rivashop.de, Linie 10, Bus 100/200, 120, 700 Am Küchengarten

DIES & DAS

High Five [F4]

Boards, DVDs, Aufkleber, Schuhe, Kappen, Rucksäcke und stylishe Klamotten: In dem 80-m^2-Laden verkaufen Skate-Veteran Oliver Albrecht und Dennis Laaß, Botschafter der Boardmarke Cleptomanix, alles was, das Skaterherz begehrt. Skatekurse gibt es auch.

Mo—Fr 11—19, Sa 11—16.30 Uhr, Limmerstr. 1, Tel. 54 57 44 72, www.highfive-skateshop. de, Line 10, Bus 100/200, 120, 700 Am Küchengarten

EINKAUFEN

Home of Limetrees [F4]

Schöne Stoffe, farbenfrohe Wolle, Knöpfe, Aufnäher und sogar Nähsets — in diesem Geschäft bekommt das Schneiderherz alles, was es begehrt. Im Programm: Patchwork- und Jerseystoffe, Linden-Souvenirs und Accessoires.

Mo—Fr 10—18, Sa 11—16 Uhr, Schwarzer Bär 3, Tel. 590 18 68, www.limetrees.de, Linie 9, 17, Bus 120, 300, 500 Schwarzer Bär

Hab und Gut [D4]

Michael Otto und Wolf Trebeljahr sind umtriebig: Neben einer Entrümpelfirma betreiben sie einen gut sortierten Antikwarenladen und einen Lagerverkauf von antiken Möbel.

Hab und Gut: Mo—Fr 14—18, Sa 10—13 Uhr, Pfarrlandstr. 6, Tel. 123 68 00, Linie 10, Bus 700 Leinaustraße, Lager: Fr 13—18, Sa 10—14 Uhr, Fössestr. 101, Tel. 0175 444 38 51, Linie 9, Bus 100/200 Nieschlagstraße

MÄRKTE

Handgemacht! / Stöber-Sonntag [F1]

Jeden Sonntag bittet die FAUST (S.13) zum Stöbern. Auf dem Freigelände des Vereins bieten Privatleute und professionelle Trödler in nachbarschaftlicher Atmosphäre Kitsch, Ramsch und Sammlerwaren zum Kauf. Jeden 1. Sonntag im Monat gibt es zeitgleich Kunsthandwerk in der 60er-Jahre-Halle (S.73).

Handgemacht!: jeden 1. So 11–17 Uhr, Stöber-Sonntag: Mai–Okt. So 10–18 Uhr, Zur Bettfedernfabrik 3, Tel. 539 12 86, www.faustev.de, Linie 10, Bus 700 Leinaustraße

Lindener Markt [F4]

Seit über 100 Jahren trifft man sich auf dem Lindener Markt (S.46) zum Shoppen, Schlendern und Kaffeetrinken. Hier feilschen Händler aus der Region mit ihren Kunden um Obst-, Gemüse-, Fisch-, Fleisch-, Käse- und Blumenpreise. Samstags auch Biomarkt.

Di, Sa 8–13 Uhr, Lindener Marktpl., Linie 9, Bus 100/200, 120 Lindener Marktplatz

MODE

Anne Behne [F4]

Der Laden müsste genau genommen »Anne Füße« heißen. Denn hier dreht sich alles um Schuhe. Von Dr.-Martens-Stiefeln über traditionelle Halbschuhe bis zu extravaganten High Heels. Günstige Auslaufmodelle gibt es im Anne Behne Outlet Store (Teichstr. 5, Fr 15–18.30, Sa 11–14 Uhr).

Mo–Mi, Fr 11–14 und 15–18.30, Do 15–18.30, Sa 11–14 Uhr, Stephanusstr. 17, Tel. 261 55 50, www.annebehne.de, Linie 9, Bus 100/200, 120, 700 Am Küchengarten

Damenwahl [F3]

In einem unscheinbaren Backsteingebäude am Pariser Platz versteckt sich eine kleine Unterwäschenwelt. Wer Dessous mit Spitze, Feines für die tägliche Eleganz oder exquisite Bademode für Sie sucht, ist hier an der richtigen Adresse. Di–Fr 10–18.30, Sa 10–13.30 Uhr, Teichstr. 1, Tel. 228 03 39, www.damenwahl-hannover.de, Linie 9, Bus 100/200 Nieschlagstraße

Designkombinat [F3]

Modernes Design, gedämmtes Licht, Elektromusik und Mode — im Designkombinat kommen jung Gebliebene auf ihre Kosten. Marken wie Bench und Wrangler treffen in der Zweigstelle des Nordstädter Ladens auf lokale Labels. Mo–Fr 11–19, Sa 11–16 Uhr, Egestorffstr. 15, Tel. 533 64 47, www.design-kombinat.com, Linie 9, Bus 100/200 Nieschlagstraße

Elegant am Rand [H1]

Hier dominiert Schwarz: Der spezielle Modeladen bietet Klamotten für Gothics und sympathisierende Szenengänger — von Gehrock über die Korsage bis zur Kapuzenjacke mit dem gewissen Etwas. Außerdem: Accessoires wie farbige Kontaktlinsen und Schmuck. Mo—Fr 12—19, Sa 12—17 Uhr, Deisterstr. 57, Tel. 568 99 41, www.elegantamrand.de, Linie 17 Ricklinger Straße

HutUp [F4]

Seit 25 Jahren zaubert Astrid Ries aus Filz, Federn und Garn farbenfrohe bis elegante Damenhüte. Neben den Hüten aus der Eigenproduktion bekommt man bei HutUp auch Kopfbedeckungen für Männer von Marken wie Stetson, Borsalino oder Kangol sowie Tücher, Taschen und Accessoires für beide Geschlechter. Mo—Fr 10—18, Sa 10—14 Uhr, Lindener Marktplatz 10, Tel. 45 57 96, www.hut-up.de, Linie 9, Bus 100/200, 120 Lindener Marktplatz

Sputnik [D2]

Der Geruch von Räucherstäbchen liegt in der Luft, während im Hintergrund Weltmusik läuft — neben den erdfarbi-

gen Kleidern im Goa-Style und ein paar Second-Hand-Jeans werden hier Tücher, Gürtel, Taschen, Schmuck, Kristalle, Shishas und CDs verkauft.

Mo—Fr 10—19, Sa 10—18 Uhr, Limmerstr. 80, Tel. 210 70 45, www.sputnik-mode.com, Linie 10, Bus 700 Ungerstraße

Portrait

DING3000

In Berlin, Mailand oder New York kennt man die Schneebesen, Kuchenformen und Untersetzer, die Carsten Schelling und Ralf Webermann mit ihrem Kollegen Sven Rudolph entworfen haben. Dass sich das Kreativzentrum ihrer Produktdesignfirma DING3000 in Limmer befindet, wissen die wenigsten. „Es ist lustig", sagt Webermann, „unsere Produkte kommen mehr rum als wir." Ein Problem haben sie damit nicht. „Als Designer steht man selten im Vordergrund", meint Schelling. Kennengelernt haben sich die drei, die heute in Linden bzw. Hameln leben, im Studium. Nach der Uni begann ihre Erfolgsgeschichte. 2005 gewannen die Mittdreißiger eine Gründerförderung und erregten mit dem Regalbausystem »Pimp my Billy« Aufsehen. Seitdem entwerfen sie für Labels wie Konstantin Slawinski, Normann Copenhagen oder Discipline Produkte, die den Alltag erleichtern und zugleich schön aussehen.

Erhältlich sind diese u.a. bei Wohnwaren (Di—Fr 11—14, 15—18, Sa 11—14 Uhr, Stephanusstr. 5) und unter www.connox.de im Internet. www.ding3000.de

UVR Connected [F4]

Produziert in der Uckermark, geplant in Berlin, verkauft am Lindener Marktplatz — neben der eigenen UVR-Kollektion verkauft die einzige Nicht-Berliner Filiale auch Marken wie Replay oder Campus. Mo—Fr 11–19, Sa 10–14 Uhr, Davenstedter Str. 8, Tel. 300 95 72, www.uvrconnected. de, Linie 9, Bus 100/200, 120 Lindener Marktplatz

MUSIK

Music Corner [D4]

Mit Blick auf den beschaulichen Bethlehemplatz lassen sich entspannt Instrumente testen und kaufen. Inhaber Joseph Schindzilorz ist gelernter Klavierstimmer, betreibt nebenbei eine Musikschule und hat bereits für Stars wie Elton John und Udo Jürgens gearbeitet. Rock-Angelegenheiten überlässt er lie-

ber seinen Mitarbeitern. Auch Service und Reparatur.

Mo—Fr 9—18, Sa 9—14 Uhr, Bethlehempl. 6, Tel. 760 12 74, www.music-corner-hannover.de, Linie 10, Bus 700 Ungertraße

Ohrwurm CDs [H1]

Über 10.000 Artikel warten in Holzkisten auf ihre Käufer. Seit 1987 betreibt Olaf Tölpelmann seinen musikalischen An-und-Verkauf-Laden. Das Angebot aus neuen und gebrauchten CDs, DVDs, Blu-Rays, LPs und sogar VHS-Kassetten inkl. kompetenter Beratung überzeugt.

Mo—Fr 10—20, Sa 10—18 Uhr, Deisterstr. 32, Tel. 45 42 65, www.ohrwurm-cds.de, Linie 17 Ricklinger Straße

Rockers [D4]

Punk & Hardcore ist Christoph Stadtmüllers Leidenschaft. Mit seinem Second-

Offener Bücherschrank

Sie stehen auf der Straße oder hängen an der Wand: hölzerne Schränke gefüllt mit gebrauchten Büchern und Heften. Jeder kann sich hier ein Buch ausleihen, mit nach Hause nehmen oder eine Spende abgeben. Damit kein Müll abgeladen wird, kontrolliert ein Schrankpate regelmäßig den Inhalt. Aufgestellt werden die Boxen von Vereinen, Privatleuten oder von der Stadt.

Standorte: Brunnenstr./Haltestelle, Pfarrlandplatz, Charlottenstr./Haspelmathstr. und Pestalozzistr. 18

Hand-Plattenladen hat er sie zum Beruf gemacht. Seit 1993 versorgt er in seinem Laden Stammkunden mit Raritäten und Evergreens aus allen Sparten. Auch Ankauf. Ab und zu finden kleine Konzerte statt. Plus: Großes Sortiment alter Musikmagazine.

Mo—Fr 11—19, Sa 11—16 Uhr, Weckenstr. 1, Tel. 21 22 99, www.rockers.de, Linie 10, Bus 700 Leinaustraße

SPEZIALITÄTEN

Hannoversche Kaffeemanufaktur [E1]

Ein Ort mit (Kaffee-) Geschichte: Schon 1956 wurde hier Kaffee geröstet. 2012 eröffnete der ausgezeichnete Kaffeesommelier Andreas Berndt hier seine eigene Manufaktur. In der zu besichtigenden Rösterei gibt es Spezialitäten wie Melange Hanovera und Espresso Clemente. Kein Cafébetrieb. Das Probieren ist allerdings erlaubt!

Mo—Fr 14—18, Sa 10—14 Uhr, Liepmannstr. 21, Tel. 79 02 01 81, www.hannoversche-kaffeemanufaktur.de, Linie 10, Bus 700 Wunstorfer Straße

Hasselbring [H1]

Über 300.000 Flaschen Wein, Sekt, Whisk(e)y und andere edle Spirituosen warten in dem verschachtelten Geschäft mit Dielenfußboden auf Abnehmer: Seit 1920 berät Familie Hasselbring in zweiter Generation hier die Kundschaft. Neben klassischen deutschen, französischen und italienischen Weinen steht auch Exotisches auf dem Programm. Außerdem: Verkostungen und Weinproben.

Mo—Fr 9—13 und 14—18, Sa 10—14 Uhr, Laportestr. 20, Tel. 126 08 40, Linie 17 Ricklinger Straße

ESSEN & TRINKEN

CAFÉS & EISDIELEN

Bohne [F1]

Modern, hip und farbenfroh geht es hier zu. Neben ausgefallenen, hausgemachten Eis-, Limonaden- und Cocktail-Kreationen mit Namen wie Chuck Norris, Jägermeister-Mule-Sorbet oder Karamell 2.0 serviert das Eiscafé-Team auch vegane Speisen und Kaffeespezialitäten aus aller Welt.

Tgl. 9—20, im Winter 10—20 Uhr, Limmerstr. 56, Tel. 35 39 64 83, www.bohne-hannover.de, Linie 10, Bus 700 Leinaustraße

Café Caramel [H1]

Mitten im Wohnviertel Linden-Süd bietet das Café Caramel ein gastronomisches Idyll. Entweder kann man selbst gemachte Torten im Außenbereich genießen, oder man setzt sich zum täglich wechselnden Mittagstisch ab 12 Uhr in den kleinen, freundlich-verspielt ausgestatteten Innenbereich.

Mo—Fr 9.30—21, Sa, So 10—21 Uhr, Ricklinger Str. 120, Tel. 449 83 31, www.cafecaramel.de, Linie 3, 7, 17, Bus 100/200 Stadionbrücke

Café K [F3]

Das Café K ist eine Institution. Spätestens seit dem Gewinn des Inhabers Ralf Schnoor in der Quizshow »Wer wird Millionär« laufen die Hannoveraner dem Eckcafé mit dem herrschaftlichen Säulentor die Türen ein. Drinnen wie draußen lassen sich selbstgemachter Kuchen, Kaffee und Bistro-Speisen genießen. Außerdem: Table-Quiz und Kriminalspiel.

Tgl. 9—24 Uhr, Tel. 213 44 96, www.cafek.de, Linie 9, Bus 100/200 Nieschlagstraße

Café Mönikes [F4]

Kaffee, Torten und Tradition — in der gemütlichkitschig eingerichteten Familienkonditorei mit grüner Marquise bekommt man seit über 30 Jahren Süßspeisen, Pralinen und Torten. Außerdem: deftiger Mittagstisch (12—14 Uhr) und Frühstück.

Mo—Sa 7.30—18, So 10.30—18 Uhr, Falkenstr. 13, Tel. 45 46 43, www.hannoverstortenkoenig.de, Linie 9, Bus 100/200, 120 Lindener Marktplatz

Doppelkorn [F1]

1984 begann die kleine Biobäckerei als Kollektivbetrieb mit dem Verkauf von Biobrötchen, -kuchen und -torten in der Limmerstraße. Mittlerweile wurde die Bäckerei von einem Inhaber übernommen, der weitere Filialen u. a. am Lindener Pfarrlandplatz (S.46) und nahe der Wunstorfer Straße in Limmer eröffnete.

Stammhaus: Mo—Fr 7—19, Sa 7.30—19, So 8—19 Uhr, Limmerstr. 58, Tel. 215 39 11, www.doppelkorn-hannover.de, Line 10, Bus 700 Leinaustraße

Frioli [F4]

Hier gibt es cremiges selbstgemachtes Bio-Eis: von Joghurt mit Quitte bis Pinienkerne. Im Winter werden Flammkuchen serviert.

Sommer: Tgl. 11—20, Winter: Mo—Sa 12—18, So 14—18 Uhr, Stephanusstr. 8, Tel. 79 09 66 08, www.frioli.de, Linie 9, Bus 100/200, 120 Lindener Marktplatz

Kaffeebar Rossi [E2]

Stilvolles Ambiente, italienisches Flair und ein leichter Kaffeegeruch in der Luft — in der modernen Cafébar trifft all das zusammen. Neben Kaffee werden hausgemachter Kuchen, Quiches und leckeres Frühstück serviert. In unregelmäßigen Abständen finden Kaffeeverkostungen, Lesungen und Konzerte statt.

Mo—Fr 8—18, Sa 9—18, So 11—18 Uhr, Weidestr. 6, www.kaffeebar-rossi.de, Linie 10, Bus 700 Wunstorfer Straße

ESSEN & TRINKEN

Menagerie [D2]

Modern, gemütlich und minimalistisch — in dem Eckcafé verzehren die hippen Lindener etwas abseits vom Trubel der Limmerstraße Chai Latte, Ingwertee oder hausgemachte Köstlichkeiten wie Kuchen und Limonaden. Die Wände sind mit Bildern Lindener Künstler gespickt. Sitzplätze im Freien. Veranstaltungen am Abend.

Mo–Fr 9–18.30, Sa, So 10–18.30 Uhr, Kötnerholzweg 47A, Tel. 162 38 02, www.menagerie-hannover.de, Linie 10, Bus 700 Ungerstraße

Pastelaria Luis [H1]

Ein Stück Portugal in Linden-Süd: Die Bäckerei mit gefliestem Café-Bereich bietet süße und salzige Blätterteigtörtchen zum Espresso. Dabei ist natürlich auch das Blätterteig-Vanillepudding-Küchlein »Pastel de Nata«, Spezialität des Inhabers Luis P. Florido. Daneben wird südländische Feinkost verkauft.

Mo–Fr 8–19, Sa 9.30–19, So 11–19 Uhr, Deisterstr. 68, Tel. 213 44 97, www.pastelaria-luis.de, Bus 300 Deisterplatz/Allerweg

SonarPlexus Hörbar [F1]

Kaffee trinken, Klamotten shoppen, Schallplatten »vor«hören und exotische Absinth-, Gin- oder Softdrinksorten testen — in diesem Café-Bar-Laden lässt sich alles auf einmal erledigen. Zwischen Birken-Parkett und Kunstleder-Barhockern trifft sich das szenige Publikum auf einen Latte. Allerdings nur tagsüber! Spezialitäten wie Schwarzwälder Gin oder Kaffee-Cola werden auch außer Haus verkauft.

Mo–Sa 9.30–18.30, im Sommer bis 19.30 Uhr, Limmerstr. 46, Tel. 54 54 11 31, www.sonarplexus.de, Line 10, Bus 700 Leinaustraße

---

⇦ *Neben Spirituosen wird in der Hörbar auch Kaffee verkauft*

IMBISS

Antalya Kebap [F3]

Der Kebap-Imbiss hat sich zu einem türkischen Spezialitätenrestaurant gemausert. Neben Adana Kebap und Tavuk Pirzola bekommt man aber immer noch seine Dönertasche für 2,50 Euro zum Mitnehmen. Auch Lieferservice.

Tgl. 8—24 Uhr, Davenstedter Str. 30, Tel. 898 26 22, www.antalyakebap.de, Linie 9, Bus 100/200 Nieschlagstraße

Bei Jaqueline [F3]

Ob traditionelle Pizza- und Pasta-Gerichte oder Parmaschinken-Brötchen — in dem kleinen italienischen Bistro bekommt man zu jeder Tageszeit den passenden Imbiss. Vor allem Studenten haben den familiengeführten Laden für sich entdeckt. Freitags Fischtag.

Mo—Fr 7—20, Sa 7—15, Küche Mo—Fr 11—18 Uhr, Limmerstr. 7, Tel. 45 39 99, Linie 10, Bus 100/200, 120, 700 Am Küchengarten

Suppenstube [H1]

Frisch, innovativ und saisonal kocht Inhaberin Sascha Kristina Soederhuyzen hier täglich Suppen, Chillis und Eintöpfe. 2011 beeindruckte sie ZDF-Koch Frank Rosin mit ihrer Kokos-Curry-Variation. Ihre Dienste bietet sie auch als Mietköchin an.

Mo—Sa 11.30—15.30, im Winter Do, Fr auch 18.30—22.30 Uhr, Deisterstr. 53, Tel. 59 02 55 77, www.suppen-stube.de, Linie 17 Ricklinger Straße

RESTAURANTS

11A [F4]

Regionales Bio-Essen im Arbeiterbezirk — mit der Eröffnung ihres Restaurants ging Verena Schindler und Sterne-Koch Christoph Elbert 2008 ein Wagnis ein. Aber Rehrücken mit Preiselbeersoße oder Ziegenkäseravioli für unter 20 Euro kommen auch bei den Lindenern an. 2013 prämierte der Restaurantkritikerguide Gault Millau das 11A. Wer nicht reserviert, genießt zuvor einen Wein im Ihmrauschen (S.70).

Portrait

Traute Mönikes

Mit dem Jahr 1968 assoziieren viele Studentenproteste — für Traute Mönikes ist es das Jahr, indem es sie von der Lüneburger Heide nach Linden zog. Genauer gesagt in die Limmerstraße 26. „Mein Mann wollte in Hannover eine Konditorei aufmachen", erzählt die heute 78-Jährige „da bot sich die belebte Einkaufstraße an." Seitdem steht die gelernte Kinderpflegerin hinter der Theke des Café Mönikes, verkauft Torten, Pralinen und Brötchen, serviert Kaffee und plauscht mit den Kunden. 1978 Umzug aus Platzgründen in die Falkenstraße. Linden ist der kinderlosen Frau seither ans Herz gewachsen: „Die Lindener schätzen es, dass wir alles selbst herstellen." Auch die familiäre Atmosphäre kommt an. Als Hans Mönikes 1990 starb, behielt seine Frau den Laden zunächst, um ihn später an den einstigen Lehrling Karsten Peter abzugeben. Auch das Personal arbeitet schon seit Jahrzehnten im Betrieb. Traute Mönikes selbst ist heute Angestellte — mit Leidenschaft.

Falkenstr. 13, Tel. 45 46 43
www.hannovers-tortenkoenig.de

Tgl. 10—23 Uhr, Am Küchengarten 11A, Tel. 590 11 11, www.11a-restaurant.de, Linie 10, Bus 100/200, 120, 700 Am Küchengarten

Fischers [F1]

Zwischen Holztischen und gelben Wandbildern geht es hier mexikanisch-modern zu. Das Restaurant auf der Limmerstraße zieht ein junggebliebenes Publikum an. Abends wird nach Enchiladas, Fajitas und knusprigen Spare Rips gerne ein Cocktail getrunken. Der Raucherraum öffnet um 23 Uhr. Montags trifft sich hier nach der Show das Ensemble des Spezial Clubs (S.33).

So—Do 17—1, Fr, Sa 17—3, Küche tgl. bis 23 Uhr, Limmerstr. 49, Tel. 44 14 04, www.estrella-gastro.de, Linie 10, Bus 700 Leinaustraße

Gaststätte Lohrberg [F3]

Echt Linden-Nord seit 75 Jahren: In der Traditionsgaststätte wird Gutes aus der Flei-

scherei Gothe (Limmerstr. 28) zu deftigen Mahlzeiten verarbeitet. Hier trifft sich mancher Stammtisch — von SPD bis Wasserball Bundesligist Waspo 98.

Mo—Fr ab 16 Uhr, Pavillonstr. 12, Tel. 210 68 67, Linie 10, Bus 100/200, 120, 700 Am Küchengarten

Gaststätte Rackebrandt [F3]

Seit über 100 Jahren werden in der rustikal-urigen Gast- und Speisewirtschaft hausgemachte Eisbeinsülze und saftige Bratkartoffeln serviert. Alteingesessene treffen sich hier, am Fuße des Lindener Bergs (S.44). Im Hinterzimmer befinden sich mietbare Clubräume und eine Kegelbahn.

Mo—Sa 15.30—24, Brauhofstr. 11, Tel. 44 26 10, Linie 9, Bus 100/200 Nieschlagstraße

Jalda [F1]

Vor über 20 Jahren öffnete das Jalda mit persischen Spezialitäten zwischen dunklen Lehm-Stroh-Wänden. Mittlerweile besitzt das Restaurant eine moderne, lichtdurchflutete Optik und eine internationale Küche. Statt auf Stein brutzeln Lammspieß, Pizzen und marinierte Hähnchenstücke im Elektroofen.

So—Mo 12—23, Di—Sa 12—24 Uhr, Limmerstr. 97, Tel.

Schwanenburg [E2]

Historisches Gebäude, historischer Name: Um 1900 war die Schwanenburg ein beliebtes Ausflugslokal. Etwas entfernt davon ensteht im modernisierten Fabrikgebäude eine neue Schwanenburg. Ab Januar 2014 serviert die Agentur Essenszeit hier bewusste Ernährung auf hohem Nivau. Neben dem Kaffeebetrieb gibt es Mittagstisch (12—14 Uhr), Veranstaltungen und Kochkurse.

Mo—Fr 10—8 Uhr, Zur Schwanenburg 11, Tel. 213 17 01, www.schwanenburg.net, Linie 10 Harenberger Straße

212 32 61, www.jalda.de, Linie 10, Bus 700 Ungerstraße

Lindenkrug [A4]

Hinter einer unscheinbaren Fassade befindet sich ein Gourmetrestaurant. Die tagesaktuelle Karte mit neu interpretierten Traditionsrezepten und eine Tabak-Lounge laden den Genießer zum Besuch. Das Familienunternehmen besteht seit 1946. Auch Hotel (S.79).

Mo—Sa ab 17 Uhr, So Mittagstisch nach Reservierung, Tel. 21 99 10, Harenberger Str. 46, www.lindenkrug-hannover.de, Linie 10 Brunnenstraße

Rias Baixas [H1]

Zwei Restaurants mit Tapas, galizischer Küche und unterschiedlichem Ambiente. Das Stammhaus der Einwandererfamilie Comesaña befindet sich in der alten Eckkneipe Deisterstübchen. Zwischen Wandtellern und rustikalem Holzinterieur geht es hier gemütlich zu. Gleich um die Ecke bekommt man im Rias Baixas II Calamares fritos und Datteln im Speckmantel.

Rias Baixas: Mo, Mi—Fr ab 18, Sa, So ab 17 Uhr, Deisterstr. 77, Tel. 45 38 31, Rias Baixas II: Mo—Sa 9—24, So 10—24, Plaza de Rosalia 2, Tel. 123 42 09, www.spanische-restaurants.com, Linie 3, 7, 17 Allerweg, Bus 300 Deisterplatz/Allerweg

Street Kitchen [F1]

Klein aber fein ist bei dem vietnamesischen Restaurant die Devise. So kann es schon mal ein bisschen enger werden, wenn zwischen bunten Lampions glutamatfreie Speisen wie die Pho Bo gereicht werden. Hauptgerichte: 5—6 Euro.

So—Do 12—22, Fr, Sa 12—23 Uhr, Limmerstr. 26, Tel. 98 63 88 34, www.streetkitchen-viet-cuisine.de, Linie 10, Bus 700 Leinaustraße

AUSGEHEN

BARS & KNEIPEN

... und der böse Wolf [F4]

Im Bösen Wolf treffen gealterte Punkrocker auf Szenegänger: Neben Raucherraum, Kröckel- und Billiardtisch gibt es mal Livemusik oder 96-Spiele auf der Leinwand. Abends thailändische Küche.

Tgl. ab 17 Uhr, Küche 18–23 Uhr, Heesestr. 1, Tel. 45 38 34, www.undderboesewolf. de, Line 9, Bus 100/200, 120 Lindener Marktplatz

Barkarole [F3]

Schlager, Schlager, Schlager! In dieser schrägen Eckkneipe geht es ungehemmt und unberechenbar zu. Zwischen Plastikblumen, roter 60er-Jahre-Tapete und allerlei Kitsch lassen sich Drinks wie

Schwuler Hirsch oder Erdbeerlimes mit Sekt perfekt genießen. Raucherkneipe.

Mo—Sa ab 18 Uhr, Konkordiastr. 8, Tel. 44 87 52, www.barkarole.de, Linie 9, Bus 100/120 Nieschlagstraße

Biergarten Gretchen [F1]

Zwischen angerosteten Metallkunstwerken, roten Klinkerfassaden und dem Rauschen der Ihme (S.42) genießt man hier Weizenbier oder Pizza. Der Biergarten der FAUST (S.13) ist ein beliebter Ausflugsort. Nur bei gutem Wetter geöffnet.

Mo—Sa ab 14, So ab 10 Uhr, Zur Bettfedernfabrik 3, Tel. 12 46 80 38, www.faustev. de, U1, Linie 10, Bus 700 Leinaustraße

Biergarten Lindener Turm [G2]

Hannovers höchstgelegener Biergarten: Zwischen Kastanienbäumen genießt man auf dem Lindener Berg (S.44) Weißbier, Brez'n, Flammku-

chen und Saison-Speisen. Die Anlage fasst 400 Gäste — drinnen und draußen. Außenterrasse am Turm.

Mo—Fr ab 15, Sa, So ab 11 Uhr, Im Winter Mo, Di geschlossen, Am Lindener Berge 29a, Tel. 76 35 52 51, www.lindener-turm.de, Bus 100/200 Sternwarte

Bronco's Bar [F4]

Klares Design, rustikaler Tresen und ein goldgerahmter Spiegel: Die zweistöckige Bar mit kleiner Tanzfläche bietet Party- und Plauschatmosphäre mit Soul, Funk oder Elektro-Musik. Großer Raucherraum.

Di—Sa ab 20 Uhr, Schwarzer Bär 7, Linie 9, 17, Bus 120, 300, 500 Schwarzer Bär

Centrum [F4]

Früher urige Gaststätte, heute Treffpunkt von Schülern und Studenten. Vor allem donnerstags zur Ladys Night wird es eng.

So—Fr ab 10, Sa ab 8 Uhr, Lindener Marktpl. 3, Tel. 37 38 04 45, www.lindens-centrum. de, Linie 9, Bus 100/200, 120 Lindener Marktplatz

GIG [F4]

Um 1900 gingen im Ratskeller noch Bierhumpen über die Theke. Heute heißt die Bar GIG — internationale Küche gesellt sich zu Longdrinks und Loungemusik. Über den Flur des Bürgeramtes (S.98) gelangt man in den Party-Saal. Marktplatz im Sommer bestuhlt.

Mo—Fr ab 16.30, Sa, So ab 10 Uhr, Lindener Marktplatz 1, Tel. 357 17 51, www.gig-linden.de, Linie 9, Bus 100/200, 120 Lindener Marktplatz

IhmeRauschen [F4]

Kiefernholztische treffen auf rustikale Backsteinwände. Auf der Karte der Weinbar dominieren feine rote und weiße Tropfen. Weitere Spezialitäten im alten Umspannwerk sind Gin, Weinproben und »akustische« Livemusik.

Mo—Sa ab 18 Uhr, Am Küchengarten 13A, Tel. 590 11 11, www.ihmerauschen.de, Linie 10, Bus 100/200, 120, 700 Am Küchengarten

Izarro [D4]

Von den Leuchtern strahlt schummriges Licht durch die Raucherkneipe, während sich das Publikum an hölzernen Stehtischen vergnügt. Leinwand und LCD-Bildschirm bieten opitmales Fußballvergnügen — nicht nur für 96-Fans.

So—Do 17—2, Fr, Sa 17—3, Ahlemer Str. 5, Tel. 44 63 41, www.estrella-gastro.de, Linie 10, Bus 700 Leinaustraße

Das kleine Museum [D4]

Von der Decke grüßt ein ausgestopftes Krokodil mit roter Rose im Mund, während am Boden zünftig gegessen, getrunken und geplauscht wird. Zwischen rustikalem Ambiente

IhmeRauschen: Die elegante Weinbar des Restaurants 11A ⇨

und den Weltreisen-Mitbring-seln des Kneipengründers trifft sich ein gemischtes Publikum.

Tgl. ab 17 Uhr, Grotestr. 10, Tel. 215 39 79, www.das-kleine-museum.de, Linie 10, Bus 700 Leinaustraße

Notre Dame [D4]

Diesen Notre Dame besucht man nicht zum Beten. Ob Frühstück, Mittagessen oder Absacker — die Lounge-Kneipe mit Bistrokarte ist vielseitig. Samstags und mittwochs Cocktail-Abende.

Tgl. ab 8 Uhr, Offenstein-str. 1, Tel. 89 70 59 09, www.notredame-hannover.de, Linie 10, Bus 700 Leinaustraße

Strandleben [F2]

Hannover liegt am Meer! Das könnte man denken, wenn man in der Strandbar an der Ihme (S.42) an seinem Drink nippt. 2005 kamen die Macher der Nordstädter Bar Spandau auf die Idee, die Fährmannsinsel mit Sand, Liegestühlen und einer Holzveranda zu verzieren. Offen bei gutem Wetter.

Mo–Fr ab 14, Sa, So ab 12 Uhr, Weddigenufer 29, Tel. 12 35 70 95, www.spandau-projekt.de, Linie 10, Bus 100/200 Glocksee

Vogelfrei [F1]

Hier legt der Barchef selber auf. Derweil werden fachmännische Cocktails und exzellente Whisk(e)ys über den Tresen gereicht. Im Raucherraum finden Lesungen statt.

Di–Do 18–1, Fr, Sa 18–2 Uhr, Elisenstr. 22, Tel. 56 86 83 38, www.vogelfrei-bar.de, Linie 10, Bus 700 Leinaustraße

Zum Stern [H1]

Traditionskneipe im Süden: Seit 1920 treffen sich in der urigen Gaststätte Alteingesessene. Neben Bierausschank und deftigem Essen wird hier vor allem Dart gespielt.

Mo–Fr ab 17, Sa ab 13 Uhr, Weberstr. 28 , Tel. 215 82 08, www.gaststätte-zum-stern.de, Linie 17 Ricklinger Straße

CLUBS

Béi Chéz Heinz [E4]

Früher DGB-Jugendclub heute kollektiv verwaltetes Tanzlokal: Der Club unterm Fössebad (S.87) ist eine Institution. Heute finden hier Punkkonzerte, Elektropartys und Fußballübertragungen statt. Donnerstags Disco für 3 Euro.

Liepmannstr. 7B, Tel. 21 42 99 20, www.beichezheinz.de, Linie 10, Bus 700 Wunstorfer Straße

Capitol [F4]

Fanta 4, Die Ärzte und natürlich Lena – Die Konzerthalle im 20er-Jahre-Bau an der Ihme (S.42) lockt Popgrößen nach Linden. Wenn kein Konzert stattfindet, kreisen die Hüften zur Musik der 70er und 80er. Samstags Ü40-Party.

Schwarzer Bär 2, Tel. 44 40 66, www.capitol-hannover.de, Linie 9, 17, Bus 120, 300, 500 Schwarzer Bär

AUSGEHEN

FAUST-Gelände [F1]

Es gibt drei Anlaufpunkte für alle Nachtschwärmer auf dem FAUST-Gelände (S.13): In der 800 Gäste aufnehmenden **60er-Jahre-Halle** spielen populäre Rock-, Elektro- oder Reggae-Acts. Das loungige **Mephisto** ist tagsüber

Portrait

BUM Bier

Den Traum, ein eigenes Bier herzustellen, hatten viele in ihrer Jugend. Auch der Gedanke, etwas für lokale Musiker zu tun, ist nicht neu. Mit ihrem BUM Bier — kurz für »Bier und Musik« — haben Anna Poroszewski und Patrick Leonhardt beides vereint. "Als Musiker hat mich gestört, dass in Hannoveraner Kneipen so selten Livemusik läuft", erzählt Leonardt, Sänger der Lindener Band Tintengraben. "Wir wollten es den Wirten schmackhafter machen". Deshalb druckten die beiden Mittdreißiger, die auch privat ein Paar sind, im Mai 2010 Konzert- und Releasedaten von lokalen Künstlern auf ihre Etiketten. Das Konzept kam an. Mittlerweile wird das, in Stadthagen gebraute Pils mit dem Heizkraftwerk (S.22) als Logo in der ganzen Stadt verkauft. Seit 2013 gibt es zudem die Brause Bumarana und das Festival BeatBolzer BandBattle (S.104). Was auf den Etiketten beworben wird, bestimmen die beiden Lindener selbst.

Interessenten können sich unter info@bumbier.de bewerben, www.bumbier.de

eine Kneipe, nachts gibt es Partys und Konzerte in Clubatmosphäre. In der **Warenannahme** stehen kleine Konzerte und Poetry Slams (S.38) auf dem Programm. Manchmal werden die 60er-Jahre-Halle und das Mephisto zusammengelegt. Tipp: Mittwochs Elektro in der Linden Lounge.

Zur Bettfedernfabrik 3, Tel. 45 50 01, www.faustev.de, Linie 10, Bus 700 Leinaustraße

Feinkost Lampe [F4]

Ein zusammengewürfelter Club: Die Theke stammt aus einer Bäckerei, der Name kommt von einem Gemischtwarenladen und der Backsteinkeller war früher die Toilette der Eleonorenschule. Donnerstags veranstaltet der Verein für Raumklangpflege Filmabende, Lesungen und Konzerte von elektronisch-trashig bis experimental-folkig.

Eleonorenstr. 18, www. feinkostlampe.de, Linie 9, Bus 100/200, 120 Lindener Marktplatz

Ferry Eventhall [E2]

2012 wurde die Eventhalle des Freizeitheims Linden (S.39) saniert. Seitdem passen 400 Gäste in das mietbare Veranstaltungszentrum. Samstags ab 20 Uhr Ü30-Party. Im Sommer öffnet der Biergarten täglich ab 16 Uhr. 96-Spiele auf LED-Bildschirmen.

Windheimstr. 4, Tel. 215 12 52, www.ferry-eventhall.de, Linie 10, Bus 700 Ungerstraße

Glocksee [F4]

Trotz ihrer Lage auf der »falschen« Ihmeseite gehört die »Glocke« fest zum Lindener Ausgehzirkel. Die Floors **Indiego** und **Cafe** bieten Konzerte und Partys von Dark Wave über Hip-Hop bis Elektro an. Dienstags trifft man sich zum rockigen Ruby Tuesday. Zum Areal gehören unter anderem ein Theater (S.32), eine legale Graffiti-Wand (S.36) und ein BMX-Kurs (S.86).

Glockseestr. 35, Indiego Glocksee: Tel. 12 35 74 21, www.indiego-glocksee.de, Cafe Glocksee: www.cafe-glocksee. de, Tel. 161 47 12, Linie 10, Bus 100/200 Glocksee

»Limmern« [F1,3,4]

Bier trinken, quatschen und Spaß unter freiem Himmel – an sommerlichen Wochenenden verwandeln junge Lindener die Limmerstraße in eine Partymeile. Alkohol dazu gibt es günstig am Kiosk oder bei Rewe am Küchengarten. Da packt der Eine oder Andere schon mal die Gitarre aus und singt ein spontanes Ständchen. Der Trend zum »Limmern« erfreut nicht alle. Vor allem die Anwohner der auch tagüber belebten Straße fühlen sich zunehmend durch Lautstärke und Sachbeschädigung genervt.

⇦ *Party in der 60er-Jahre-Halle*

LINDEN LIMMER

Jazz Club [G2]

Louis Armstrong, Benny Goodman, Duke Ellington! Seit 1966 musizieren montags und freitags Jazzgrößen und lokale Talente in den gemütlichen und bestuhlten Räumen mit Garten auf dem Lindener Berg (S.44). Der Club organisiert das Festival »Swinging Hannover«.

Mo, Fr ab 20.30 Uhr, Am Lindener Berge 38, Tel. 45 44 55, www.jazz-club.de, Bus 100/200 Sternwarte

Kulturpalast Linden [H1]

Gefliester Boden, Retro-Möbel dazu eine Schaufensterfassade – dieser Ein-Raum-Club könnte sich auch in Berliner Szenebezirken befinden. Früher war der Kulturpalast ein türkisches Kultur-Café. Heute organisiert ein Verein vor allen Dingen Indie-Konzerte, eine Offene Bühne (S.38) sowie Lesungen und Filmabende. Der »Palast« war Sprungbrett für so manchen Geheimtipp.

Deisterstr. 24, Tel. 0171 144 59 08, www.kulturpalast-hannover.de, Linie 17 Ricklinger Straße

Lux [F4]

Lindens allerneuester Club heißt Lux: Mit einem ambitionierten Mischkonzept aus programmatisch aufeinander abgestimmten Partys und Konzerten diverser Musikrichtungen wagt sich ein renommiertes Veranstalter-Trio in die Höhle des Löwen. In dem 200 Gäste fassenden Areal neben dem Capitol gastierten schon die unterschiedlichsten Clubs — leider meist erfolglos. Diesmal soll alles besser werden! Wir wünschen viel Glück.

Schwarzer Bär 2, Tel. 72 79 93 60, www.lux-linden.de, Linie 9, 17, Bus 120, 300, 500 Schwarzer Bär

ÜBERNACHTEN

LINDEN LIMMER

Apartment in Linden [F3]

2 Zimmer, Küche, Bad: In einem schicken Altbau hat Jutta Preiß eine 40-m²-Gästewohnung für bis zu 4 Personen eingerichtet. Preise variieren nach Verweildauer und Anzahl der Gäste: 2 Personen zahlen für 2 Nächte 120 Euro.

Wittekindstr. 15, Tel. 0173 610 42 01, www.apartlinden.de, Linie 9, Bus 100/200 Nieschlagstraße

English Romance [H1]

In der Ricklinger, Göttinger, Behnsen- und Hengstmannstraße werden 23 englisch eingerichtete Wohnungen vermietet. Mindestaufenthalt für die 2- bis 9-Personen-Apartments: 2 Nächte. Küche, Waschmaschine und Internet sind inklusive.

Preise variieren, Rezeption: Ricklinger Str. 120, Tel. 228 00 00, www.english-romance.de, Linie 3, 7, 17, Bus 100/200 Stadionbrücke

ÜBERNACHTEN

Hotel Amadeus [D4]

Vier-Sterne-Komfort am Schnellweg: 129 Zimmer mit hauseigenem Restaurant und Fitnessraum. WLAN und Frühstück kostenlos, Parkplatz 11 Euro/Tag.

EZ ab 65, DZ ab 75 Euro, Fössestr. 83, Tel. 21 97 60, www.hotelamadeus.de, Linie 9, Bus 120 Bernhard-Caspar-Straße

Hotel im Ahrberg Viertel [H1]

5 Einzel-, 5 Doppelzimmer und ein Konferenzraum: Das funktional eingerichtete Hotel in der alten Wurstfabrik besticht durch ruhige Lage und freundliches Personal.

EZ ab 29, DZ ab 44 Euro, Ilse-ter-Meer Weg 7, Tel. 21 97 83 50, www.hotel-ahrberg-viertel.de, Bus 300 Deisterplatz/Allerweg

Hotel Lindenkrug [A4]

In dem beschaulichen Backsteinbau an der Limmer Schleuse befindet sich nicht nur ein seit 1946 familiengeführtes Restaurant (S.66), sondern auch ein Drei-Sterne-Bio-Hotel mit 16 edel eingerichteten Zimmern und einem kleinen Wellnessbereich inkl. Sauna.

EZ ab 39, DZ ab 69 Euro, Harenberger Str. 46, Tel. 21 99 10, www.lindenkrug-hannover.de, Linie 10 Brunnenstraße

Gästezimmer

Hannover ist eine Messestadt: Zu CeBIT und Hannover Messe sind die Hotels früh ausgebucht. Abhilfe schaffen Gastfamilien und WGs, die einladen, bei ihnen zu nächtigen. Die Vermittlung läuft über das Web: Neben www.couchsurfing.org, wo Übernachtungen kostenfrei angeboten werden, gibt es kommerzielle Plattformen wie www.airbnb.com und www.freerooms.de von der Messe Service Gesellschaft. Der Ablauf ist gleich: Mieter und Vermieter registrieren und finden sich im Netz.

⇦ *Beim Stichkanal: Der Lindenkrug*

Hotel Marjani [H1]

Grauer Teppich, naturholzfarbendes Interieur und simple Ausstattung: In einem einfachen Wohnhaus befindet sich das Hotel Marjani. Reichhaltiges Frühstück für 6 Euro im Haus.

EZ ab 39, DZ ab 49 Euro, Charlottenstr. 53, Tel. 215 21 21, www.hotel-marjani.de, Linie 3, 7, 17, Bus 100/200 Allerweg

Hotel Meyer [D4]

Das Hotel in einem Mietshaus am Schmuckplatz bietet 12 Zimmer zwischen 20 und 40 m². Parken und Internet kostenlos. Rezeption bis 11 Uhr besetzt.

EZ ab 52, DZ ab 68 Euro, Kötnerholzweg 27, Tel. 92 17 30, www.hotel-meyer.com, Linie 10, Bus 700 Leinaustraße

Hotel Schwarzer Bär [F4]

Vor der Tür des 70er-Jahre-Baus am Schwarzen Bär tönen Autos und Straßenbahn — in den Zimmern ist es aber dank der Schallschutzfenster ruhig.

3er-Zimmer ab 90 Euro. EZ ab 43, DZ ab 58 Euro, Falkenstr. 2, Tel. 92 48 00, www.hotel-schwarzerbaer.com, Linie 9, 17, Bus 120, 300, 500 Schwarzer Bär

Jugendherberge Hannover [H4]

Idyllisch am »falschen« Ihmeufer gelegen, bietet die moderne Herberge 298 Gästen in Zwei- bis Vierbettzimmern Platz. Die Nähe zu Stadionbad, Sportplätzen und zur HDI-Arena lockt Vereine.

Übernachtung inkl. Frühstück ab 22,30 Euro, DJH-Ausweis 21 Euro jährlich, Ferdinand-Wilhelm-Fricke-Weg 1, Tel. 131 76 74, www.jugendherberge.de, Linie 9, Bus 100/200 Sporthalle

KINDER

SHOPPING

BioLogisch Baby & Kind [F4]

Bio für die Kleinen: Hier dreht sich alles um die ökologische Herstellung. Neben der großen Klamotten- und Schuh-Auswahl gibt es Spielzeuge, Kuscheltiere und Kinderwagen.

Mo—Fr 10—18, Sa 10—14 Uhr, Lindener Marktpl. 12, Tel. 213 42 09, www.biologisch-hannover.de, Linie 9, Bus 100/200, 120 Lindener Marktplatz

Frühling bitte [H1]

Schön bunt und niedlich — in dem kleinen Laden mit anliegender Werkstatt werden neben den schicken selbst produzierten Kindermützen auch Kuscheltiere und pastellfarbene Accessoires für Erwachsene angeboten.

Do, Fr 10—18, Sa 10—16 Uhr, Deisterstr. 36, Tel. 459 04 01, www.fruehlingbitte.de, Linie 9, 17, Bus 120, 300, 500 Schwarzer Bär

Pony & Kleid [F3]

Der kleine, aufgeräumte Laden in der Limmerstraße bietet farbenfrohe Klamotten für Babys und Kinder bis 12 Jahre, kindgerechte Accessoires und schadstofffreie Spielzeuge. Auch Internetshop.

Mo—Fr 10—18.30, Sa 10.30—14.30 Uhr, Limmerstr. 11, Tel. 203 81 35, www.ponyundkleid-shop.de, Linie 10, Bus 100/200, 120, 700 Am Küchengarten

Findus Kinderkostüme [H1]

Über 100 Kostüme: Vom Säbel bis zur Schweinsnase, vom Erdbeerkostüm zum Feenkleid: In dem Kostümverleih für 2- bis 14-Jährige werden die Kleinen für jede Mottoparty ausgestattet. In der Faschingszeit sollte man reservieren.

Mo 16—18, Mi, Sa 10—12 Uhr, Deisterstr. 67, Tel. 260 74 50, www.kinderkostueme.com, Bus 300 Deisterplatz/Allerweg

SPIELEN

CircO Kinderzirkus [D4]

Im Freizeitheim Linden (S.39) werden Hannovers Kinder- und Jugendzirkusgruppen vernetzt. Hier veranstaltet CircO auch Artistik- und Tanz-Workshops sowie Aufführungen. Zweigstelle in der IGS Linden (Badenstedter Str. 35).

Toys Company [E1]

Das Konzept ist simpel: Arbeitslose reparieren mit fachmännischer Unterstützung alte Spielzeuge und verschenken sie an Bedürftige. Solche Betriebe der DEKRA und der Jobcenter gibt es in mehreren Städten. In Hannover können Spenden bei der DEKRA in Limmer abgegeben werden. Gegen Vorlage eines Gutscheins erhalten Personen und Einrichtungen dort die reparierten Spielsachen.

Mo—Fr 8—16 Uhr, Kesselstr. 14, Tel. 879 59 37, www.dekra-toyscompany.com, Linie 10 Harenberger Straße

⇐ *Öko! Spielzeug bei Pony & Kleid*

Büro: Mo—Fr 10—14 Uhr, Windheimstr. 4, Tel. 262 94 58, www.circo-hannover.de, Linie 10, Bus 700 Ungerstraße

Kreativwerkstatt Kreofant [H1]

Malen, Basteln, Töpfern: Der Netzwerk Lebenskunst e. V. bietet kostenlose Workshops für Kinder. Gegen Spende können Sie die Werke mitnehmen.

Di, Mi, Do 16—17.30 Uhr, Deisterstr. 73, Tel. 64 21 91 40, www.nele-linden.de, Bus 300 Deisterplatz/Allerweg

Kulturtreff Kastanienhof [E1]

Im Garten werkeln, tanzen oder Kuscheltiere filzen: In einem alten Kindergarten betreibt Charlotte Ost einen Kulturtreff für Kinder mit Workshopangebot.

Büro: Di 10—12, Mi 14—17 Uhr, Harenberger Str. 29, Tel. 16 84 50 64, www.kulturtreff-kastanienhof.de, Linie 10 Brunnenstraße

Spielhaus [F1]

Freizeitangebote für Kinder von 6 bis 14 Jahren bietet die Caritas in Linden. Neben Kreativworkshops, Tobe- und Spielräumen gibt es einen Mittagstisch (Mo—Fr 14 Uhr).

Mo—Fr 13—18 Uhr, Walter-Ballhause-Str. 12, Tel. 458 35 79, Linie 10, Bus 700 Leinaustraße, www.caritas-hannover.de/integration-fuer-kinder

Spielpark Linden [G2]

Bolzer, Klettergerüste, Turnstangen, ein Skateplatz für Anfänger und vor allem viel Platz: Der Abenteuerspielplatz für Kinder ab 6 im Von-Alten-Garten (S.45) bietet auch einen Innenraum mit Kursen und Ferienangeboten. Plus: Hasen zum Streicheln.

Okt.—April: Mo—Fr 11—17, Mai—Sept.: Mo—Do 11—18, Fr 11—17, Ferien: tgl. ab 9 Uhr, Hiltrud-Grote-Weg 6, Tel. 16 84 48 82, Bus 100/200 Martinskirche

BADEN & MEHR

BÄDER & SPORT

2er Skateboarding [E4]

Auf einem zugewachsenen Parkplatz hat der »2er« ein Eldorado für Rollbrettfans geschaffen. Zwischen Bretterbuden und Sichtbetonrampen kommt Detroit-Feeling auf. Der Verein bietet auch Workshops.

Fössestr./Am Lindener Hafen, www.2erskate.de, Linie 9, Bus 120 Bernhard-Caspar-Straße

BMX-Kurs / Halfpipe Glocksee [F4]

Anspruchsvoller BMX-Kurs und riesige Halfpipe: Auf dem Glocksee-Gelände (S.75) kommen BMX-, Skateboard- und Inline-Freunde auf ihre Kosten. Schoner und Helme können im Jugendzentrum (UJZ) entliehen werden.

UJZ: Mo–Do, Sa 14–20 Uhr, Glockseestr. 35, Tel. 123 57 40, www.ujz-glocksee.com, Linie 10, Bus 100/200 Glocksee

BADEN & MEHR

Fitness Stadt [E4]

Auf dem real-Markt hat ein Sportartikelhersteller ein riesiges Fitnesscenter gebaut. Nach dem Auspowern können sich Mitglieder in der Sauna entspannen. Plus: Frauenbereich und Kinderbetreuung.

Mo–Fr 8–22, Sa, So 10–18 Uhr, Davenstedter Str. 80, Tel. 35 76 97 69, www.fitness-stadt.de, Linie 9, Bus 120 Bernhard-Caspar-Straße

Fössebad [E4]

Durch die Fössestauung entstand das Bad 1838. 1960 wurde es zu Deutschlands erstem kombinierten Hallen- und Freibad. Heute wird nur noch überdacht geschwommen. Die Restaurierung des Freibads dauert bis mindestens 2015. Donnerstag Damensauna.

Eintritt: 3,50, erm. 2,20, Sauna: 8,50 Euro, Mai–Aug.: Mo–Fr 6–20, Sa, 8–20, So 9–20, Sept.–April: Mo, Do, Fr 6–18, Di 6–21.30, Sa 8–18, So 9–15 Uhr, Liepmannstr. 7b, Tel. 210 21 08, www.foessebad.de, Linie 10, Bus 700 Wunstorfer Straße

Kaiser Center [H3]

Tennis, Squash, Badminton, Indoor-Soccer, Fitness und 3 000 m^2 Saunalandschaft — das Angebot des Sport-Centers an der Bezirksgrenze ist riesig. Ein

AS Ambrosiana [H4]

Gelebte Integration in der Kreisklasse: 1967 trafen sich italienische Gastarbeiter im Park zum Kicken. 1971 schlossen sie sich der SG Letter an. Seit 1991 ist der Multikulti-Verein, dessen Name eine Anlehnung an Inter Mailands Ausweichnamen im Faschismus ist, eigenständig und trägt seine Heimspiele beim LSV Alexandria (Stammestr. 104) aus. Linden passt zum Club: „Der Stadtteil steht für Integration", sagt Trainer Claudio Scalise. Im Kleinen Bruche 48, Tel. 45 71 35, www.asambrosiana.de

Restaurant mit Kegelbahn und Biergarten gehört dazu.

Tgl. 9-23 Uhr, Fischerhof 1, Tel. 44 44 99, www.kaiser-center.de, S1, S2, S5, Linie 3, 7, 17 Bahnhof Linden/Fischerhof

Limmer Eisbahn [C1,3]

Wenn es eisig wird, flutet die Initiative Limmer-Eisbahn einen Sportplatz des TSV Limmer zum Schlittschuhlaufen. Eintritt und Schuhverleih kostenfrei. Spende erwünscht.

Holzrehre 8, Tel. 16 99 17 11, www.limmer-eisbahn.de, Linie 10 Brunnenstraße

Volksbad Limmer [A1]

Nördlich der Leine (S.42) liegt das Volksbad. Seit 1925 gehört das schlichte Freibad samt Kinderrutsche und 7 000 m² Liegefläche zum Stadtbild.

Eintritt: 2,50, erm. 1,50 Euro, Mai–Sept.: tgl. 7–20 Uhr, Stockhardtweg 6, Tel. 211 01 08, www.volksbad-limmer.de, Bus 700 Steinfeldstraße

FRISEURE

Trionauten FÜR Linden [F4 und F1]

Ganz Simpel: Im modernen Großraumsalon zahlen die Männer 18 und Frauen 23 Euro für einen Haarschnitt. Es gibt zwei Salons in Linden.

Mo–Fr 10.30–19.30, Sa 9–16 Uhr, FÜR Linden: Falkenstr. 20, Tel. 55 47 47 47, Linie 9, 17, Bus 120, 300, 500 Schwarzer Bär, FÜR Linden 2: Limmerstr. 50, Tel. 89 82 80 33, www.trionauten.de, Linie 10, Bus 700 Leinaustraße

Milo Hair [H1]

In dem kleinen Salon schneidet, färbt und verlängert Friseurmeister Danilo Fischer mit seinem Team, was das Haar hergibt. Auch Nageldesign.

Di–Fr 9–18, Sa 9–15 Uhr, Deisterstr. 60, Tel. 0800 100 880 22 33, www.milo-hair.de, Linie 17 Ricklinger Straße

TOUREN

RADTOUR

Vorbei an Natur und Technik: Zwischen Flüssen und Gärten entdecken Sie Spuren der Industrialisierung. Für die 12 km lange Tour benötigen Sie ein Fahrrad (Verleih S.102).

1. Etappe:
Limmers Ursprung

Sie beginnen die Tour an der Nikolai-Kirche (S.26), dem Ursprung Limmers. Man erkennt hier den alten Dorfkern. Es geht die Sackmannstr. gen Westen. Hinter einer S-Kurve gelangen Sie auf den Stockhardtweg. Bei dem Gedenkstein für die Opfer des KZ Limmer biegen Sie rechts ein. Links sehen Sie die Continental-Brache. In der Fabrik arbeiteten viele KZ-Inhaftierte. Bei nächster Gelegenheit fahren Sie rechts. Vor der Brücke zur Limmer Schleuse geht es wieder rechts.

2. Etappe:
Flüsse und Gärten

Sie fahren am Kanal entlang bis zur nächsten Brücke. Wenn Sie diese überqueren, erreichen Sie das Wasserkraftwerk und die Wasserkunst (S.26). Dahinter geht es nach rechts. An der nächsten Kreuzung erneut rechts, folgen Sie nun dem ausgeschilderten Fahrradweg. Sie fahren eine ganze Weile auf der »falschen« Seite der Leine (S.42) entlang, vorbei am Biergarten Dornröschen (tgl. ab 14 Uhr, In den Kämpen 54) bis zur Dornröschenbrücke. Dort wechseln Sie die Uferseite. Am Leineufer, das bald zum Ihmeufer (S.42) wird, geht es weiter zu Heizkraftwerk (S.22) und Ihme-Zentrum (S.25).

3. Etappe: An der Ihme

Sie fahren nun rechts zum Küchengarten (S.46) und biegen dort links in die Blumenauer Str. zum Schwarzen Bär. Hier befand sich lange die einzige Brücke nach Hannover. Sie überqueren den Platz bis zur Y-Kreuzung, an der das Alte Lindener Rathaus steht. Grün wird es erst wieder, wenn Sie links durch einen kleinen Park an das Ihmeufer fahren, dem Sie gen Süden folgen. Nach der Unterquerung der Lavesallee entdecken Sie links hinter den Bäumen die HDI-Arena. Später erreichen Sie die rote Lodemannbrücke. Sie verlassen das Ufer und fahren rechts in den Lodemannweg.

4. Etappe: Egestorffs Erbe

Sie überqueren nun nacheinander die Stamme-, die Ritter-Brüning-Str. und den Ricklinger Stadtweg. Gegenüber vom Kaiser Center (S.87)

geht es rechts in die Ricklinger Str., dann links in die Strousbergstr. Durch ein »Loch in der Häuserfront« erreichen Sie die Göttinger Str., wo Sie nach rechts fahren. Zur Linken sehen Sie die alte Eisengießerei Hanomag, welche Egestorff Junior erbauen ließ. In den 90ern war hier ein Technoclub. Sie folgen der Straße zum Deisterplatz. Um den Bunker geht es rechts herum bis zur alten Mauer des Von-Alten-Gartens (S.45). Sie folgen der Mauer bis zur Straße Am Spielfeld, in die es rechts geht. Nun sind Sie am Lindener Berg (S.44). Durch Kalkabbau legte Egestorff Senior den Grundstein des Familienimperiums.

5. Etappe:
Lindens Ursprung

Statt links auf den Berg fahren Sie rechts über eine Brücke auf die Martinskirche (S.25) zu. Hier muss eines der ersten Zentren Lindens gelegen haben. Hinter der Kurve geht es rechts in die Badenstedter Str., die in die Egestorffstr. mündet. Sie folgen dem Straßenverlauf und sehen links den Lindener Marktplatz (S.46). Nach dem Überqueren des Platzes fahren Sie durch die Stephanusstr. Dort entdecken Sie viele kleine Geschäfte. Am Ende der Straße erreichen Sie den Küchengarten, welchen Sie zur Limmerstr. hin überqueren.

6. Etappe:
Die Entscheidung

Nun liegt es an Ihnen, ob Sie sich vom Flair der lebendigen Limmerstr. in den Bann ziehen lassen oder ob Sie sich zurück gen Limmer schwingen: Weiterfahren bis zum Schnellweg. Hinter der Auffahrt führt der unscheinbare Fösseweg rechts ins Grüne. Sie folgen der

Fösse (S.42) bis diese in die Leine mündet. Die Brücke über die Mündung überquert, erreichen Sie bald die bekannte Brücke zur Wasserkunst. Kurz darauf teilt sich der Uferweg. Sie halten sich links und kommen an der Nikolai-Kirche heraus.

Portrait

SIBBY ALVAREZ DIAZ

Mexiko — Nienburg — Linden: Sibby Alvarez Diaz, Gründerin von Living Culture Tours, hat viel gesehen. Heimisch geworden ist die gelernte Reisekauffrau und Designerin aber erst 2000 in Linden-Mitte: „Hier bekommt man alles, was man braucht". Lediglich für Geschäftstermine, Reisen oder zum Parfümkaufen verlässt die 38-Jährige ihren Bezirk. So spielt sich das Leben der Mutter einer waschechten Lindenerin hauptsächlich in ihrer Wohnung ab, seit 2011 gleichzeitig Büro. Die Idee zu den von Stadtteil-Originalen geleiteten Erlebnistouren mit Kneipenbesuch und Verkostung entstand unter anderem auf Reisen: „Ich war bei etlichen unpersönlichen Führungen", erzählt Alvarez Diaz. „Ich wollte zeigen, dass Kultur auch Spaß machen kann". Auch der schlechte Ruf Hannovers spielte eine Rolle: „Hannover hat einiges zu bieten!" Das hat sich herumgesprochen. Die sechs Touren durch Linden, die Nordstadt, die List und das Steintorviertel sind oft ausgebucht — nicht nur von Hannoveranern.

www.living-culture-toures.de

FÜHRUNGEN

Butjer Route

Was den Lindener Butjer ausmacht, hat »Lebendiges Linden« (S.100) in eine Online-Tour vom Lindener Berg (S.44) bis zur FAUST (S.13) gepackt.

Dauer 2 Std., www.linden-entdecken.de/rundgaenge

Eat the world

Stadtteilführungen mit Häppchen: Die Tour kombiniert Informatives mit Kulinarischem. In sieben Cafés und Geschäften werden Geschichten und Kostproben serviert.

Dauer 3 Std., Ticket 30 Euro, Treffpunkt nach Anmeldung, Tel. 030 530 66 165, www.eat-the-world.com

Ihme Schifffahrt

Auf kommentierten Touren alles über Linden-Limmers Wasserstraßen erfahren. Der Ihmeanleger liegt gegenüber des Heizkraftwerks (S.22).

Dauer 2—4 Std., Ticket 13—40 Euro, Treffpunkt Anleger Leinertbrücke, Tel. 140 64, www.ihme-schifffahrt.de

Living Culture Tours

»Kultour« persönlich und hautnah: Zwischen geschichtlichen Leckerbissen werden kulinarische Highlights präsentiert. Angebot sind u. a. die beiden Linden-Touren »I love Linden« und »Lecker Limmern«.

Dauer 3 Std., Ticket 29 Euro, Treffpunkt Limmerstr. 2D, Tel. 65 60 65 76, www.living-culture-tours.de

Stattreisen Hannover

Etabliert und ideenreich: Neben einfachen Stadttouren — drei gehen durch Linden — sind Theaterspaziergänge, Paddeltouren, Stadtteilrallyes und Kindertouren im Angebot.

Dauer ca. 2 Std., Ticket 8—14 Euro, Treffpunkt variiert, Tel. 169 41 66, www.stattreisen-hannover.de

GUT ZU WISSEN

LINDEN LIMMER

ANKUNFT & ABFAHRT

Vom Flughafen...

...zum Hauptbahnhof

S5 nach Hauptbahnhof (17 Min.)

Vom Hauptbahnhof...

...nach Linden-Süd

Linie 3, 7 bis Stadion-brücke (6 Min.)

...nach Linden-Mitte

Linie 9 bis Lindener Marktplatz (6 Min.)

...nach Linden-Nord

Linie 10 bis Leinaustraße (9 Min.)

...nach Limmer

Linie 10 bis Harenberger Straße (13 Min.)

...zum Bahnhof Linden

S1, S2, S5 Bahnhof Linden/Fischerhof (7 Min.)

ÄRZTL. VERSORGUNG

AVIE Apotheken [F4]

Mo, Di, Do 8.30–18.30, Mi, Fr 8–18, Sa 9–13.30 Uhr, Limmerstr. 2D, Tel. 44 10 30, Linie 10, Bus 100/200, 120, 700 Am Küchengarten

Limmer Apotheke [E1]

Mo–Fr 8–19, Sa 8–13.30 Uhr, Färberstr. 1, Tel. 600 27 70, www.limmer-apotheke.de, Linie 10 Harenberger Straße

Lindener Markt Apotheke [F4]

Mo–Fr 8.30–18.30, Sa 8.30–13 Uhr, Am Lindener Marktpl. 2, Tel. 44 80 60, Linie 9, Bus 100/200, 120 Lindener Marktplatz

Klinikum Siloah [H2]

Roesebeckstr. 15, Tel. 927-0, www.krh.eu/klinikum/SIL, Linie 3, 7, 17, Bus 100/200 Allerweg

Tierarztpraxis Streubel & Senatore [F4]

Mo–Fr 10–13 und 15–18 Uhr, Eleonorenstr. 18, Tel. 45 51 34, www.drstreubel.de, Linie 9, Bus 100/200, 120 Lindener Marktplatz

GUT ZU WISSEN
FAKTEN A–Z

BIBLIOTHEKEN

Stadtarchiv und Geschichtswerkstatt [D1]

Hier ruht das Vermächtnis der Butjer: Die Einrichtung der Otto-Brenner-Akademie ist zugleich Archiv und Museum.

Mo 10–12, Mi 17–19 Uhr. Windheimstr. 4, Tel. 210 71 25, www.sakobrenner.de, Linie 10, Bus 700 Ungerstraße

Stadtteilbibliothek [F4]

Seit 2013 einzige Bibliothek im Stadtteil. Eine Ecke ist Lindens Geschichte gewidmet.

Mo, Do 12–19, Di, Fr 11–17, Sa 10–13 Uhr, Lindener Marktpl. 1, Tel. 16 84 21 80, Linie 9, Bus 100/200, 120 Lindener Marktplatz

BUCHLÄDEN

Annabee [F4]

Der 1976 gegründete, ehemalige reine Frauenbuchladen wird noch heute im Kollektiv geführt. Das Sortiment ist mittlerweile allgemeiner.

Mo–Fr 10–19, Sa 10–14 Uhr, Stephanusstr. 12–14, Tel. 131 81 39, www.annabee.de, Linie 9, Bus 100/200, 120 Lindener Marktplatz

LINDEN LIMMER

Antiquariat Wilder [D4]

Auf Messen, Märkten und im 100-m^2-Laden in Linden verkauft Joachim Wilder antiquarische Bücher aller Couleur.

Mo–Fr 11–19, Sa 10–15 Uhr, Limmerstr. 60, Tel. 45 20 00, www.antiquariat-wilder.de, Linie 10, Bus 700 Leinaustraße

Arte P [D2]

Ob Krimis, Sachliteratur oder Romane – hier lässt sich stöbern. Filiale mit Restposten in der Velberstr. 15 (Mo–Fr 10–18 Uhr).

Mo–Fr 9–18, Sa 9–13 Uhr, Limmerstr. 85, Tel. 838 65 65, www.arte-p.de, Linie 10, Bus 700 Ungerstraße

DECIUS [F2]

Die moderne Filiale der Hannoveraner Buchladenkette führt neben Romanen und Belletristik auch Fachbücher.

Mo–Fr 9–18.30, Sa 9–13 Uhr, Falkenstr. 10, Tel. 44 18 93, www.fachbuch.biz, Linie 9, 17, Bus 120, 300, 500 Schwarzer Bär

Lindener Buchhandlung [F1]

Neben neuen und gebrauchten Büchern gibt es in der früheren Gesundheitsbuchhandlung auch Esoterisches.

Mo–Fr 10–18.30, Sa 10–16 Uhr, Limmerstr. 43, Tel. 26 29 27 91, www.lindener-buchhandlung.de, Linie 10, Bus 700 Leinaustraße

INFO, POST & CO

Bürgeramt Linden-Limmer [F4]

2013 frisch renoviert erstrahlt das Bürgeramt Linden-Limmer im ehemaligen Rathaus auf dem Marktplatz (S.46) jetzt in modernen Rottönen.

Mo, Do 8–18, Mi 8–12, Di, Fr 8–14 Uhr, Lindener Marktpl. 1, Tel. 16 84 20 63, www.bürgeramt-hannover. de, Linie 9, Bus 100/200, 120 Lindener Marktplatz

Wolf's Schreibwaren [F1]

Herr Wolf arbeitet nur noch selten. Aber auch Nachfolgerin Simona Cestaro-Stach kennt sich bestens mit Bastel-, Schul- und Bürobedarf aus. Plus: kleiner 96-Fan-Shop.

Mo–Fr 7–18, Sa 7–13 Uhr, Limmerstr. 41, Tel. 44 25 34, www.wolfs-schreibwaren.de, Linie 10, Bus 700 Leinaustraße

Stempel & Kopierzentrum [D4]

Drucken, kopieren, binden: In dem aufgeräumten Copyshop gibt es auch Büro-Utensilien.

Mo–Fr 8.30–18.30, Sa 9–13 Uhr, Kötnerholzweg 26, Tel. 44 79 01, www. kopierzentrum-linden.de, Linie 10, Bus 700 Leinaustraße

Postbank [F4]

Kurz nach dem Lindener Rathaus wurde 1899 das kaiserliche Postamt eröffnet. Heute

befindet sich an selber Stelle ein Neubau mit einer Postbank-Filiale inkl. Postshop.

Mo—Fr 8.30—18, Sa 9—13 Uhr Niemeyerstr. 1, Linie 9, Bus 100/200, 120 Lindener Marktplatz

INITIATIVEN

Arbeitsgemeinschaft Lindener Vereine

Von Kirchen über Parteien bis zu Sportvereinen — die AGLV verbindet über 45 Gruppen aus dem Bezirk.

Tel. 49 71 74, www.a-g-l-v.de

Lebendiges Linden e.V.

Der Verein ist engagiert im Stadtteil: Seit 1991 organisiert er ein dreimonatlich stattfindendes Wirtschaftsforum und Veranstaltungen wie das Lindener Kulturforum (S.104).

Tel. 122 12 06, www. lebendigeslinden.de

LindenLimmerStiftung

Geld sammeln, anlegen und die Zinsen im Stadtteil investieren. So hat die Stiftung u. a. die Limmer Eisbahn (S.88) mitfinanziert.

Tel. 215 12 18, www. stiftung.linden-entdecken.de

Quartier e. V.

Geschichte und Kultur vereint: Neben dem Pavillon auf dem Bergfriedhof (S.22) organisiert der Verein Rundgänge und das Blütenfest (S.104).

Tel. 70 03 66 42, www. quartier-ev.de

INTERNET

www.hallolindenlimmer.de

Unbequeme Nachrichten seit 2001: Neben Print- und Online- gehört eine historische Zeitung über Linden-Limmer zum kleinen Medienimperium Klaus Öllerers.

www.linden-entdecken.de

Im Internet schreibt Achim Brandau seit 2004 über Aktuelles, notiert Veranstaltungshinweise und Hintergrundinfos. Mit umfangreichem Serviceteil. Ab und zu erscheint eine Stadtteilbroschüre.

Portrait

Rainer-Jörg Grube

Es ist kurios: Rainer-Jörg Grube, der erste grüne Bezirksbürgermeister Linden-Limmers, ist gar kein Grüner. „Ich habe mich 1986 gegen den Abriss des Apolloblocks engagiert und wurde gefragt, ob ich nicht per Mandat in der Sanierungskommission teilnehmen wolle", erzählt der heute 58-Jährige. Seitdem ist Grube, der in jenem Block groß geworden ist, Bezirkspolitiker — zunächst in der Sanierungskommission, dann als Bezirksratsmitglied und als stellvertretender Bürgermeister: „Ich hatte nie Lust, meine Energie parteiintern zu vergeuden." Lieber kümmert sich der als bürgernah geltende Grube um den Wandel des Stadtteils: „Die Mieten haben sich hier in den letzten 20 Jahren verdoppelt", sagt der ehemalige Roadie für Musikgruppen, „da müssen rechtliche Hürden her." Neben der politischen Arbeit verwaltet der Kaufmann für Wohnungswirtschaft heute halbtags den Ökologischen Gewerbehof Linden (www.oegl.de). Ab und zu wird er nach seiner Mitgliedschaft gefragt. Grube: „Vielleicht trete ich ja irgendwann doch noch ein."

www.postkarten-archiv.de

Postkarten über Linden-Limmer sammeln ist Andreas-Andrew Bornemanns Leidenschaft. Im Web lässt er andere daran teilhaben und erklärt geschichtliche Hintergründe.

www.lindenspiegelaktuell.de

Onlinepräsenz der kostenlosen Lindener Monatszeitung. Hier können Sie in der 8-seitigen PDF-Version der Stadtteilzeitung stöbern.

www.linden-limmer-archive.de

Der 2012 gegründete Verein bietet im Web Links zu kleinen thematischen Archiven des Bezirks.

LEIHEN & REPARIEREN

Hannovers FahrradScout [D2]

Hauptberuflich lädt Uwe Genzky zu Fahrradtouren durch die Region. Nebenbei vermietet er Tandems auf Anfrage.

Stockmannstraße 7, Tel. 0172 435 66 83, www.hannovers-fahrradscout.de, Linie 10, Bus 700 Ungerstraße

movieMAX [E1]

Kleine Videothek in Limmer. Hier werden auch zerkratzte CDs repariert.

Mo—Fr 12—21, Sa 10—22, So 15—21 Uhr, Wunstorfer Str. 33, Tel. 210 11 00, www.moviemax-hannover.de, Linie 10, Bus 700 Wunstorfer Straße

Radgeber [E2]

Ehemals auf der Limmerstraße — heute tatsächlich in Limmer: Der Laden repariert und verkauft Fahrräder, Anhänger und Co.

Mo—Fr 10—19, Sa 10—16 Uhr, Wunstorfer Str. 22, Tel. 44 26 94, www.radgeber-linden.de, Linie 10, Bus 700 Wunstorfer Straße

VeloMeister [D4]

Hier dreht sich alles rund um das Fahrrad: Der kleine Laden ist eine Werkstatt, der einzige echte Fahrradverleih Linden-Limmers und Zweiradverkaufsgeschäft in Einem.

Mo–Fr 10–13 und 14–19, Sa 10–13 Uhr, Kötnerholzweg 16, Tel. 306 84 40, www.velomeister.de, Linie 10, Bus 700 Leinaustraße

Werkstatt Linden [H3]

In der Metallbau- und Zweiradwerkstatt reparieren und verkaufen Jugendliche Gebrauchträder. Auch Fahrradinspektionen gehören zum Angebot. Eine Einrichtung der Jugendberufshilfe des ev.-luth. Stadtkirchenverbandes.

Mo 8.30–16, Di 8.30–14, Mi 11–18, Do 8.30–14 Uhr, Schlorumpfsweg 3, Tel. 26 09 15 32, www.werkstatt-linden.de, S1, S2, S5, Linie 3, 7, 17, Bahnhof Linden/Fischerhof

Gemüseschlacht [F1]

Nach dem Vorbild der Berliner Wasserschlacht bewerfen sich seit 2003 Lindener und Nordstädter auf der Dornröschenbrücke mit verfaultem Gemüse, Obst und allerlei Ekligem. Hintergrund ist die Rivalität der beiden studentischen Szenebezirke. Die ersten Jahre war die Veranstaltung als Demo angemeldet, seit 2009 kümmert sich die Stadt Hannover um die Säuberung der Brücke. Die Schlacht findet meist im August statt. Termin wird kurzfristig im Internet und über Plakate bekanntgegeben.

LINDEN LIMMER

VERANSTALTUNGEN

MÄRZ

Tag der Offenen Tür der IGS Linden

Im März findet der »Tag der Offenen Tür« der Gesamtschule Linden statt. 5.- bis 10.-Klässler bereiten Kulturelles vor. www.igs-linden.de

RVL-Osterfeuer

Am Ostersamstag wird auf dem Gelände des Rudervereins Linden von 18 bis 23 Uhr jede Menge Holz verbrannt. www.rvlinden.de

APRIL

Scilla-Blütenfest

Wenn im Frühling der Sibirische Blaustern auf dem Bergfriedhof (S.22) blüht, veranstaltet der Quartier e. V. (S.100) ein kulinarisch-kulturelles Fest. www.quartier-ev.de

Lindener Kulturforum

Die Kunstausstellung mit musikalischen Beträgen vom »Lebendigen Linden« (S.100) findet jährlich in der Volksbank (Minister-Stüve-Str. 22) statt. Zweiter Termin im Herbst. www.lebendigeslinden.de

MAI

Lindener Kriterium

Einmal jährlich organisiert der RV Concordia 1909 ein Radrennen rund um den Lindener Berg (S.44). www.rv-concordia-hannover.de

BeatBolzer BandBattle

Seit 2012 veranstaltet BUM Bier (S.73) ein beliebtes Musikband-Fußballturnier mit anschließendem Festival. Der Ansporn neben dem Spaß: Die Siegerband wird Headliner beim Festival sein. www.beatbolzer.de

JUNI / JULI

SOmmer, SOnne, SOundsystem

Chillen und Grillen im Hof, Live-Musik und elektronische Klänge: Das SoSoSo lädt die Feierwütigen alljährlich zum Tanz. www.facebook.com/SommerSonneSoundsystem

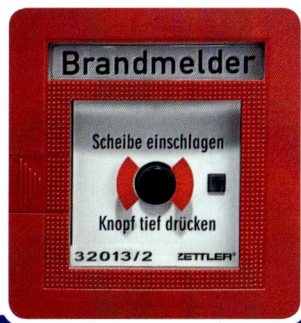

NOTDIENSTE

Polizei............................. 110

Polizeiinspektion West
.... 109 39 15

Notarzt/Feuerwehr........... 112

Apotheken Notfalldienst
.... 0800 00 22833

Arzt-Ruf...................... 19 257

AIDS- und STD-Beratung
.... 61 64 31 48

Opfer-Notruf — Weißer Ring
.... 0180 3 34 34 34

Ärztlicher Bereitschaftsdienst
.... 38 03 80

DRK Rettungsdienst
.... 1 92 19

Drogentelefon Fixpunkt
Hannover 388 64 65

Mädchenhaus Krisentelefon
.... 300 58 72

Gift-Notruf der Universität
Göttingen 0551 192 40

Kinder- und Jugendnotdienst
.... 168 499 44

Notfalldienst Kinder
.... 81 15 33 00

Telefonseelsorge Hannover
.... 0800 111 01 11

Tierärztlicher Notdienst
.... 55 50 92

Zahnärztlicher Notfalldienst
.... 31 10 31

Notfalldienst Frauenarzt
.... 31 40 44

Lust auf Linden-Süd

Von der Standortgemeinschaft Deisterkiez organisiertes Straßenfest mit viel Musik, Spaß und Trank auf der Deisterstraße. www.deisterkiez-ev.de

Wasserstadt Triathlon

Sportlicher Einzel- und Staffel-Wettkampf für Jedermann. Auch Quadrathlon mit Paddeln. www.wasserstadttriathlon.de

JuKiKs

Flohmärkte, Ausflüge und Bastelkurse: Alljährlich organisiert das Stadtteilforum Linden-Süd den Jugend- & Kinder-Kultursommer. www.stadtteilforum-linden-sued.de

Lauben- und Sommerfeste

Zwischen Juni und August veranstalten die acht Kleingartenkolonien auf dem Lindener Berg (S.44) ihre Sommerfeste. www.kleingarten-linden.de

AUGUST

Fährmannsfest

Seit 1983 ist das dreitägige Fest kultureller Mittelpunkt Lindens. An beiden Seiten des Ihmeufers (S.42) finden Konzerte, Lesungen und Spiele statt. Auf der Wiese vor der FAUST (S.13) kostenlos. Eintritt: 10–15 Euro. www.faehrmannsfest.de

SEPTEMBER

Lindener Schützenfest

Am Küchengarten organisieren die Lindener ihr Schützenfest mit Kulturprogramm und Kirmes. www.lindenerschuetzen.npage.de

Limmerstraßenfest

Die »Aktion Limmerstraße« lädt zum Straßenfest in Linden-Nord: Einen Tag lang wird die belebte Einkaufsstraße zum Festplatz. www.aktion-limmerstrasse.de

Lindener Volkslauf

Beim Lindener Volkslauf an der Leine können die Läufer aus vier Strecken auswählen. www.volkslauf.lindenlimmer.de

Lange Nacht der Kirchen

Alle ev.-luth. Kirchen laden zur kulturellen Nacht in die Gotteshäuser ein. www.lange-nacht-der-kirchen.de

Head of the River Leine

Im September veranstaltet der Ruderverein Linden eine Achter-Regatta auf der Leine (S.42). www.rvlinden.de

OKTOBER

Tag der offenen Moschee

Am 3. Oktober, dem Tag der Deutschen Einheit, bietet auch die Moschee in der Fössestraße Führungen und Vorträge an. www.tagderoffenenmoschee.de

DEZEMBER

Weihnachtsdorf auf dem Lindener Berg

An den Adventswochenenden entsteht auf dem Lindener Berg (S.44) eine Winterwelt im Blockhütten-Stil.

Weihnachtsmarkt in Linden

Kleiner Weihnachtsmarkt mit Glühwein und Kirchenkonzerten in und um die Bethlehemkirche herum. www.kirche-in-linden.de

Weihnachtsmarkt TSV Limmer

Auf der Terrasse des Vereinsheims werden Speisen und warme Getränke gereicht. Die Limmer Eisbahn (S.88) lädt derweil zum Schlittern ein. www.tsv-limmer.de

GUT ZU WISSEN

1. Auflage

Redaktionsschluss:
November 2013

© doggerbank-verlag, Berlin

Redaktion:
Pionierberlin, Phillip Wilke

Herstellung, Fotoredaktion:
Christoph Klopp

Lektorat:
Wencke Landsmann

Kartographie:
doggerbank-verlag

Autor:
Phillip Wilke

Geboren wurde der Journalist (u. a. HAZ) und Historiker in der Hannoveraner Nordstadt, seine Jugend verbrachte der ehemalige IGS-Schüler in Linden. Über seine neue Heimat Berlin hat der Autor bereits mehrere Reiseführer geschrieben (u. a. für MARCO POLO) — jetzt war die alte Heimat dran.

Quellen:

Walter Buschmann: „Linden- Geschichte einer Industriestadt im 19. Jh.", 2012

Kersten Flenter: „Im lebendigen Linden", 2005

Jonny Peter: „Das LindenLimmerBuch", 1998

Jonny Peter u. a.: „Geschichte(n) aus der Viktoriastraße", 2012

Henning Rischbieter: „Hannoversches Lesebuch — 1650-1950", 1978

W. Röhrbein / F. Zankl: „Hannover im 20. Jh.", 1978

Ralf Schunk u. a.: „Geschichten aus der Lindener Geschichte (2)", 2012

Bildnachweise:

Alle Bilder DerKlopp, außer:
S.37; S.63; S.73; S.93: P.Wilke
S.4, 1. Bild v.l.: Cheez
S.19: U.S. Army, gemeinfrei
S.33: DESIMO
S.53: DING3000; Frank Schinski
S.101: Franziska Gilli

Bilderklärungen:

Titel: Lindener Heizkraftwerk
S.3: Barkarole
S.4: v.l.n.r. Graffiti an der

GUT ZU WISSEN

BILDNACHWEISE

Ottenstraße, Schaufensterpuppe in der SonarPlexus Hörbar, sympathische Menschen in der FAUST

S.5: v.l.n.r. Schwarzer Bär Statue am gleichnamigen Platz, Der Lindener Hafen

S.6/7: Das Ihme-Zentrum von Hannover aus gesehen

S.15: Das Mosaik des Lindener Stadtwappens am Rathaus

S.81: Drache auf Multikulti-Spielplatz

Mithilfe:

Herzlichen Dank für die Unterstützung beim Erstellen des Geschichts- und Magazinteils an **Claudia Wilke**. Wertvolle Tipps haben **Achim Brandau** (lindenentdecken.de) und **Klaus Oellerer** (hallolindenlimmer.de) gegeben. Zu guter Letzt geht unser ganz besonderer Dank an den Verein **Lebendiges Linden**, der mit seinem Wirtschaftsforum in Gestalt des Vorsitzenden **Gisbert Fuchs** das Projekt von Beginn an engagiert und tatkräftig unterstützt hat.

Rechte

Liebe Leserin und Leser

Kein Weg war zu weit, um Ihnen Informationen aus erster Hand zu bieten. Sollten Sie dennoch einen Fehler entdecken, senden Sie gerne eine Mitteilung an:

info@doggerbank-verlag.de

— Stichwort LiLi —

www.doggerbank-verlag.de

doggerbank-verlag

DAS SORTIMENT

im Buchhandel und im Internet: www.doggerbank-verlag.de

KARTENTEIL

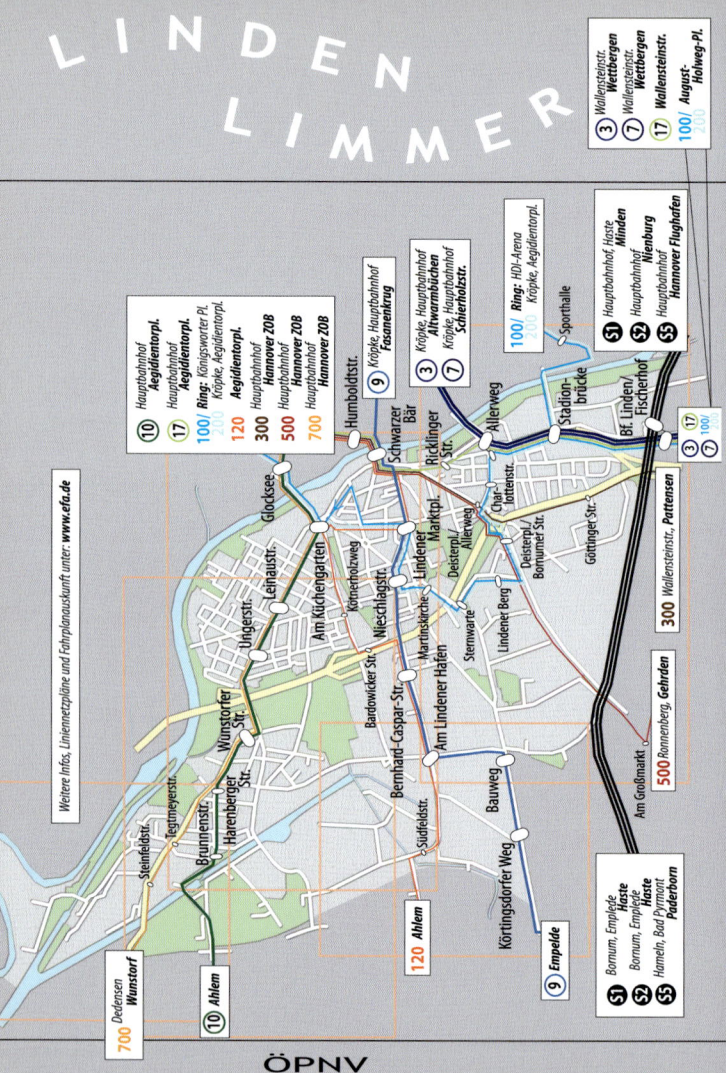

LINDEN
LIMMER

ÖPNV

Weitere Infos, Liniennetzpläne und Fahrplanauskunft unter: **www.efa.de**

③ Wallensteinstr. **Wettbergen**
⑦ Wallensteinstr. **Wettbergen**
⑰ Wallensteinstr.
100/ August-
200 **Holweg-Pl.**

⑩ Hauptbahnhof
   Aegidientorpl.
⑰ Hauptbahnhof
   Aegidientorpl.
100/ Ring: Königsworter Pl.
200 Kröpke, Aegidientorpl.
120 **Aegidientorpl.**
300 Hauptbahnhof
   Hannover ZOB
500 Hauptbahnhof
   Hannover ZOB
700 Hauptbahnhof
   Hannover ZOB

⑨ Kröpke, Hauptbahnhof
   Fasanenkrug

Kröpke, Hauptbahnhof
Altwarmbüchen
③ Kröpke, Hauptbahnhof
⑦ **Scherlholzstr.**

100/ Ring: HDI-Arena
200 Kröpke, Aegidientorpl.

🚏 Hauptbahnhof Histe **Minden**
🚏 Hauptbahnhof **Nienburg**
🚏 Hauptbahnhof **Hannover Flughafen**

③
⑦ 100/
⑰ 200

Humboldtstr.
Schwarzer Bär
Ricklinger Str.
Charlottenstr.
Allerweg
Stadion-brücke
Bt. Linden/ Fischerhof

Glocksee
Lindenau Str.
Leinaust.
Küchengarten
Am Küchengarten
Kötnerholzweg
Nieschlagstr.
Lindener Marktpl.
Martinskirche
Am Lindener Hafen
Deisterpl./
Allerweg
Deisterpl./
Bornumer Str.
Lindener Berg
Sternwarte
Göttinger Str.

Bardowicker Str.
Bernhard-Caspar-Str.
Tegtmeyerst.
Wunstorfer Str.
Harenberger Str.
Brunnenstr.
Steinfeldst.
Südfeldstr.
Bauweg
Körtingsdorfer Weg

700 Dedensen **Wunstorf**

⑩ **Ahlem**

120 **Ahlem**

⑨ **Empelde**

Am Großmarkt

500 Ronnenberg, **Gehrden**

300 Wallensteinstr., **Pattensen**

🚏 Bornum, Empelde **Histe**
🚏 Bornum, Empelde **Histe**
🚏 Hameln, Bad Pyrmont **Paderborn**

KARTENTEIL

LINDEN
LIMMER

1 Tegtmeyer Platz

Leine

Stockhardt-

weg

Stichkanal Linden

Limmer Schleuse

1

2

3

4

Leineabstiegs-

Stockhardt-

Leine

kanal

Conti-Gelände

Sackmann-

str.

Wunstorfer

weg

Steinfeld-

str.

Tegtmeyerstr.

Str.

Brunnenstr.

Schleusengrund

Zum

Sichelstr.

7

Brunnenstr. 10 Harenberger Str. 10 Hare

KARTENTEIL

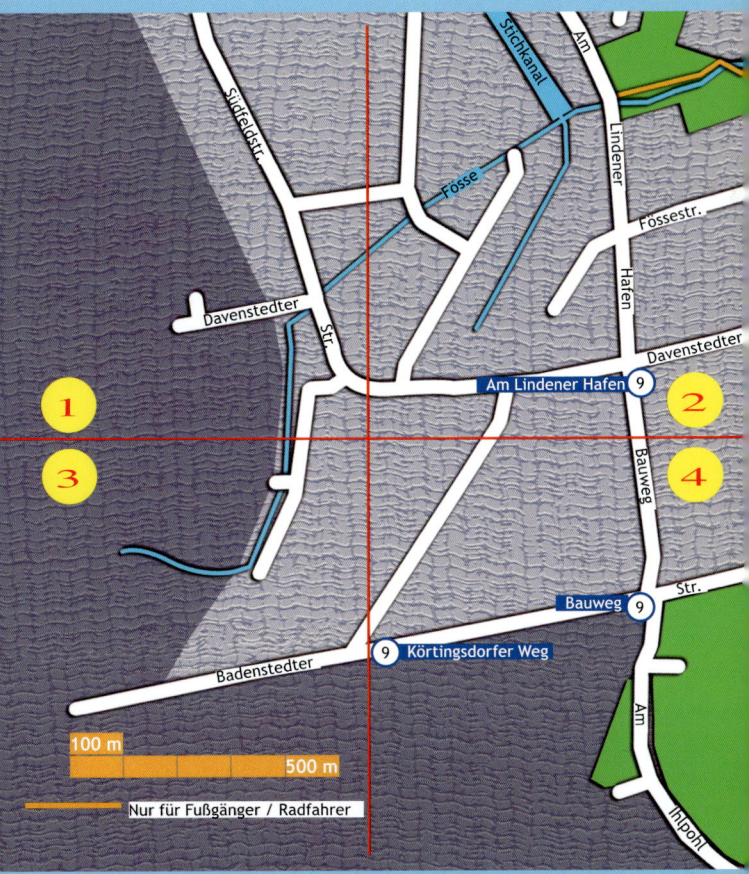

Süsfeldstr.

Stichkanal

Am

Fösse

Lindener

Davenstedter

Fössestr.

Str.

Hafen

Am Lindener Hafen ⑨

Davenstedter

②

①

Bauweg

③

④

Str.

Bauweg ⑨

⑨ Körtingsdorfer Weg

Badenstedter

Am

Inlpohl

100 m

500 m

Nur für Fußgänger / Radfahrer

LINDEN
LIMMER

1 Tegtmeyer Platz
1 Am Großen Garten
2 Franz-Nause-Str.
3 Zur Schwanenburg
4 Färberstr.
5 Stockmannstr.
6 Offensteinstr.
7 Pavillonstr.
8 Zur Bettfedernfabrik
9 Dornröschenbrücke

Conti-Gelände

Stockhardtweg
Steinfeld-str.
Brunnenstr.
Tegtmeyerstr.
Sackmann-str.
Wunstorfer Str.
Leine abstiegskanal
Leine

Zum
Schleusengrund
Sichel-
Brunnenstr.
Harenberger Str.
Kirchhöfnerstr.
brink
Stichkanal Str.
Linden
Eichen-
Holzrehre
Am Lindener Hafen

Lindener Hafen

Eichen-
brink
Südfeldstr.
Fösse

100 m
500 m

Nur für Fußgänger / Radfahrer

2
1
3
4
10
10
1

KARTENTEIL

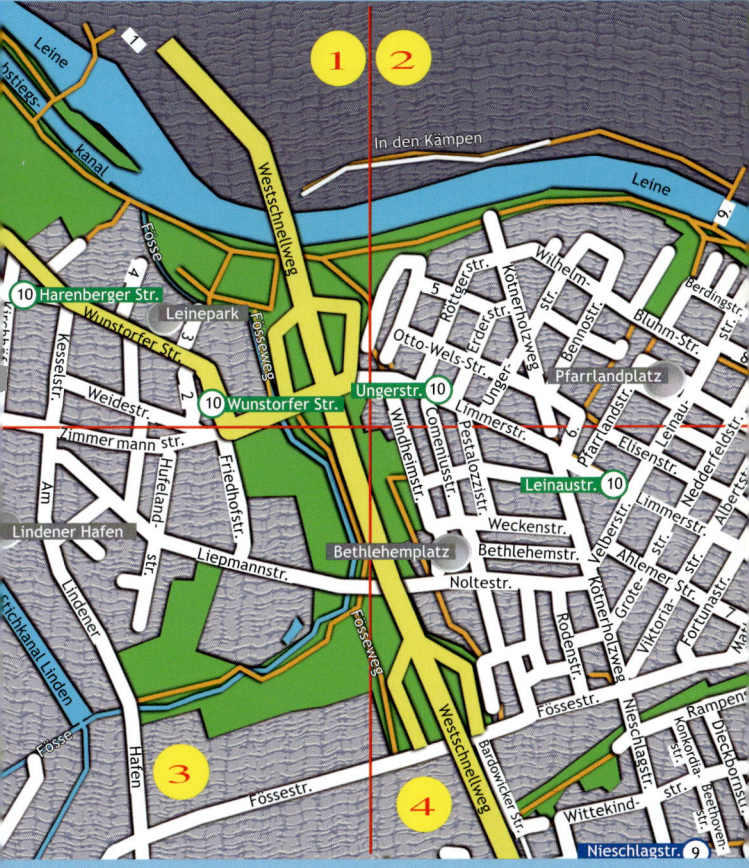

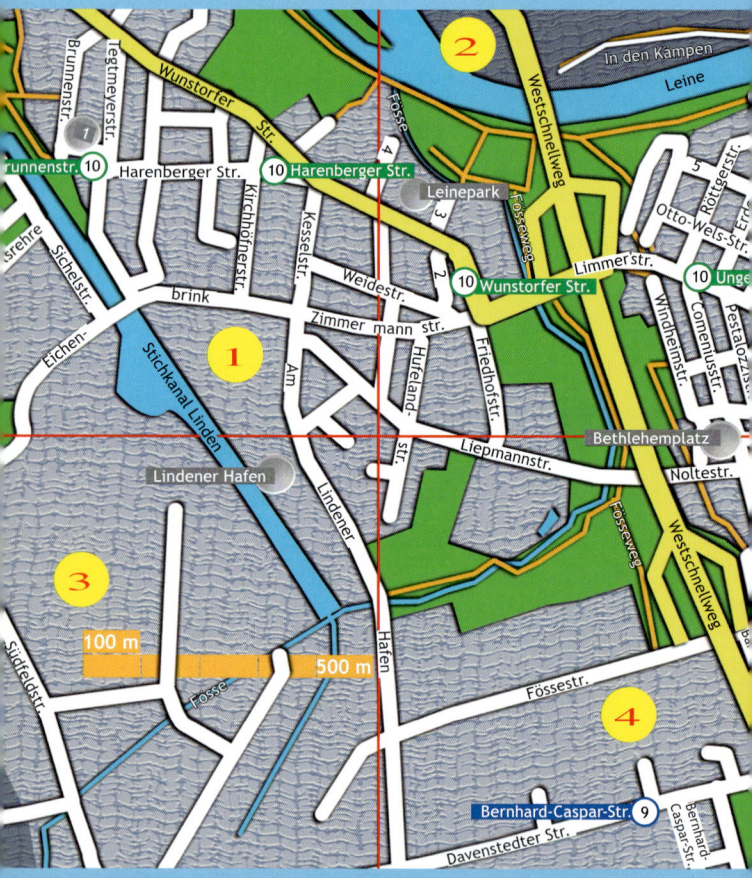

LINDEN
LIMMER

Brunnenstr.
Tegtmeyerstr.
Wunstorfer
Str.
In den Kämpen
Leine
Westschnellweg
2
1
10 runnenstr. **10** Harenberger Str. **10** Harenberger Str.
Leinepark
Fösseweg
Rötgerstr.
5
Otto-Wels-Str.
Kesselstr.
Kirchhofnerstr.
Weidestr.
3
Limmerstr.
Comeniusstr.
10 Unge
Windheimstr.
Pestalozzist.
Eichen-
Schelstr.
Sichelstr.
brink
Zimmermannstr.
10 Wunstorfer Str.
Friedhofstr.
2
Hufeland-
Am
Stichkanal Linden
1
Lindener
str.
Liepmannstr.
Bethlehemplatz
Noltestr.
Lindener Hafen
3
Fösseweg
Westschnellweg
100 m
500 m
Hafen
Fösse
Stüdfeldstr.
Fössestr.
4
Bernhard-Caspar-Str. **9**
Bernhard-Caspar-Str.
Davenstedter Str.

KARTENTEIL

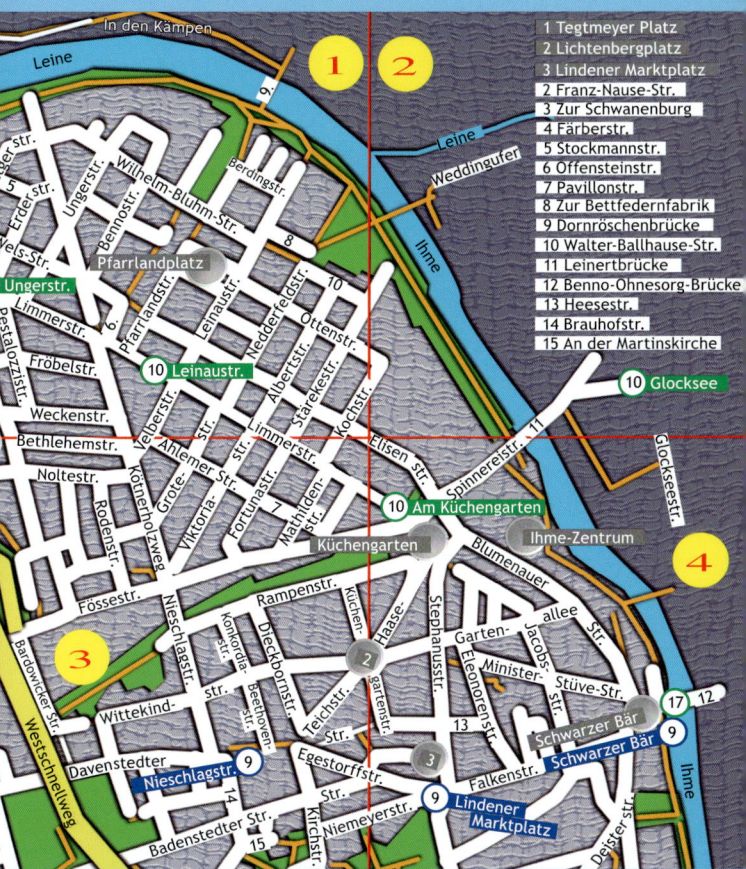

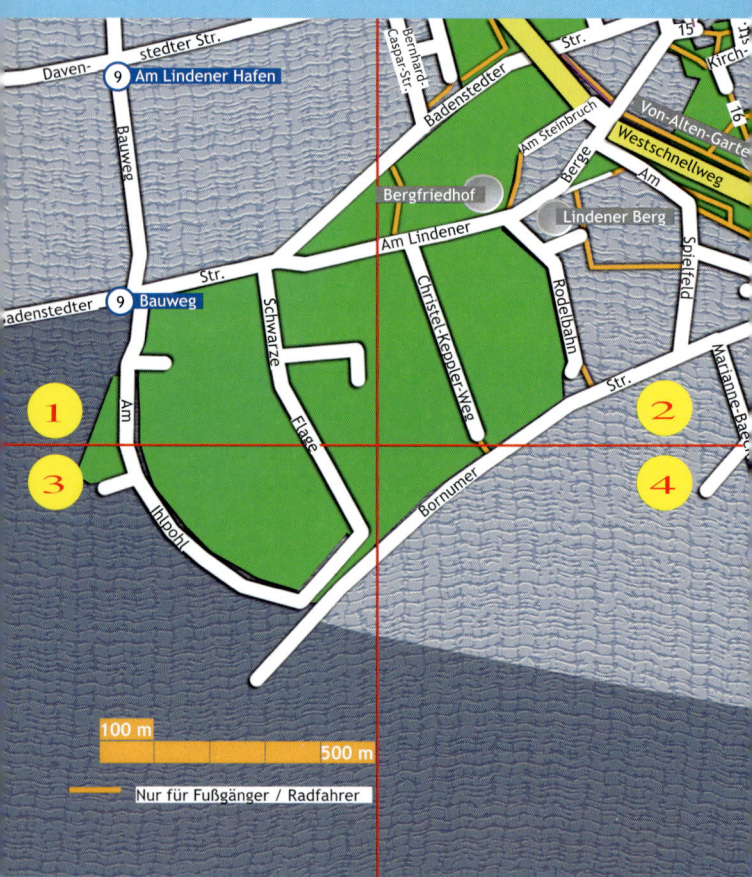

LINDEN
LIMMER

Daven- stedter Str.

9 Am Lindener Hafen

Bauweg

adenstedter Str.

9 Bauweg

Schwarze

Am

Flage

Ihtpohl

1

3

Bernhard-Caspar-Str.

Badenstedter Str.

Am Steinbruch

Berge

Bergfriedhof

Am Lindener

Christel-Keppler-Weg

Bornumer

Str.

15

Kirch-

16

Von-Alten-Garte

Westschnellweg

Am

Lindener Berg

Rodelbahn

Spielfeld

Marianne-Bach-

2

4

100 m
500 m

Nur für Fußgänger / Radfahrer

KARTENTEIL

15 An der Martinskirche
16 Hiltrud-Grote-Weg
17 Plaza de Rosalia
18 Ilse-ter-Meer Weg
19 Lodemannbrücke